KB019511

대학 입시, 공교육도 가능합니다!

원하는 대학으로 한 단계 업그레이드 해주는
입시 상담의 모든 것

아는 만큼 보이는

입시의 기술

윤윤구 저

대학 입시, 모든 것이 전략이다!

전국 교사·학부모의 러브콜을 받은 입시 명강의!

"현직 교사의 생생한 노하우가 담긴 입시 상담 바이블"

i-Scream

PROLOGUE

1등급부터 9등급까지,
모두를 위한 '진짜' 입시 전략

대학을 보내는 것이 학부모의 최대 명제가 되어버린 사회에서 아이를 좋은 대학에 보내는 것은 부모의 자랑이자 때로는 권력으로 변질되고 있습니다. 부모이기에 내 자녀가 조금 더 나은 대학을 가길 원하고, 모든 노력을 아끼지 않으려 하지만, 현실은 냉혹하기만 합니다.

입시를 셀프로 준비하려면, 왜 이리 어려운 용어들이 많은지. 복잡하고 지나치게 어려운 입시 전형에 대부분의 학부모들은 쉽고 단순하게 '입시 학원'을 선택합니다. 열심히 공부하면 좋은 대학을 갈 수 있다는 조금은 이상한 믿음을 가지고 있는 것이죠. 사실 열심히 공부하는 것만으로는 아이들이 원하는 대학을 갈 수 없다는 사실을 알면서도 외면하고 그 불안함을 학원비로 덮어버리려는 부모님들이 많습니다.

많은 상담과 진학 지도의 과정에서 말할 수 없는 안타까움을 느끼는 이유는, 학생들이 가진 무수한 가능성이 그 불안으로 인해 묻혀버린다는 점입니다. 조금만 더 공부하고, 조금만 더 방향을 제대로 잡는다면 쉽게 해결될 수 있는 대학 입시인데, 겉돌고 또 겉돌아서 결국은 부모도 학생도 원치 않는 선택을 하는 모습을 종종 보게 됩니다. 그 과정에서 부모와 자녀는 모두 다 상처를 받습니다. 저는 이제 그 깊은 절망 속에 선 부모님들, 교사들, 그리고 학생들을 위해서 이 책을 시작하려 합니다. 말도 안 되는 입시 정책들이 무자비하게 쏟아져 나와 교사를 괴롭게 하고, 학생과 부모님을 절망하게 만듭니다. 정시 확대와 학종[1]의 축소, 2015개정교육과정, 서류 블라인드 평가, **그리고 사상 초유의 온라인 수업 상황까지. 무엇 하나 쉬운 것이 없지만 그 속에서도 여전히 '입시 시계'는 흘러가는 것이 현실입니다.**

이제부터 선생님과 학부모 모두 준비하고 대비해야 합니다. 갈수록 좋은 대학을 진학하는 것이 쉽지 않기에 더욱 더 '준비된 학생'이어야 합니다. 어떻게 준비해야 하는지, 어떤 방향으로 가야 하는지, 그리고 어떤 것들을 준비해야 하는지를 부모님이 그리고 선

---

1 학생부 종합 전형의 줄임말

생님이 정확하게 "알고" 있어야 합니다. 그리고 그것을 내 자녀가, 우리 반 아이가 실천할 수 있도록 계획을 세우고 방향을 제시해야 합니다.

부디 학생을 위해 대리운전 해주지 마시고, 스스로 자신의 인생을 운전할 수 있도록 능력을 키워주세요. 부모님과 선생님은 '대리운전 기사'가 아니라, 방향을 제시하는 '네비게이터'여야 합니다. 선장처럼 행동하지 않고, 설명 없이 목적지를 향해 달려가는 기사가 되어버리면 아이들은 자신이 가진 능력을 발휘할 기회를 잃어버리게 됩니다. 자녀의 옆에서, 내가 아끼는 학생의 옆에서 멋진 1등 네비게이터가 되어줄 때, 무한의 가능성이 싹트게 될 겁니다.

2024년 대학 입시부터는 많은 것들이 변하게 됩니다. 자기소개서가 없어지고, 학종의 비교과 영역들이 일정 부분 폐지됩니다. 정시도 더 늘어나고 입시에 각종 변수들이 생겨나 변화의 방향을 정확하게 알아야 마땅한 대비를 할 수 있습니다.

제가 입시 상담 교사로서 부모님, 그리고 선생님들과 이야기를 나누다보면 아직도 먼 과거 이야기를 많이 하십니다. 세상은 4차 산업 혁명을 말하는데, 우리의 입시는 여전히 1960년대를 벗어나지 못하고 있습니다. 창의성이 중요하다고 말하면서, 학생들은 '오지선다'에 묶어두고 있고, 다양성을 존중하자면서 고등학교는 여전히 객관식 시험에 목숨을 걸고 있습니다. 시대가 달라지고, 대학이 달라지고 있는데, 여전히 자신이 대학갈 때의 이야기를 만고불변의 진리처럼 이야기를 합니다. 이제 세상이 달라지고 있다는 점을 인정해야 합니다. 우리가 경험해보지 못한 세상을 지금의 아이들이 살아가고 있습니다. **이제는 방법이 달라져야 하고, 그 달라진 방법을 '부모님들이, 선생님들이' 공부를 해야 합니다.**

이 책은 입시 상담을 지도하시는 선생님과 학부모를 돕기 위한 책입니다. 제대로 된 '입시 전략'을 통해 제대로 된 대학을 보낼 방법을 알려드릴 것입니다. 때로 '전술'은 실패할 수 있지만, 최종적으로 우리 아이들의 '전략'이 실패하는 일이 없도록 제대로 안내해드리겠습니다. 놀라운 이야기들을 통해 확실한 대학 입시 전략을 세우고, 이제 지도하시면 됩니다.

우리가 흔히 말하는 좋은 대학, 우수한 대학들은 학생을 선발하는 뚜렷한 기준을 가지고 있습니다. 그 기준을 충분히 이해하기만

한다면 우리는 보다 쉽게 우리가 원하는 대학을 보낼 수 있습니다. 조금 단순화시켜서 말하자면, 대학도 결국은 "우수한 인재를 뽑고 싶어" 합니다. 이건 대학도 회사도 마찬가지입니다. 중요한 것은 이 '우수함'의 기준이 대학마다 조금씩 다르다는 점입니다.

크게 본다면, 2024년 이후의 대학 입시에서 우수함은 3가지로 귀결됩니다. 객관식의 우수함을 따지는 '정시 전형'과 내신의 우수함을 따지는 '학생부 교과 전형', 그리고 종합적인 학생 역량을 따지는 '학생부 종합 전형'입니다. 그렇기 때문에 우리 아이가 어떤 면에서 우수함을 가지는지를 파악하는 것이 핵심이고, 그에 상응하는 능력을 키워주는 것이 입시의 핵심입니다. 무턱대고 열심히 하는 것이 아니라는 말입니다. 현대 사회는 고도로 정교화 되고, 전문화되어가고 있기 때문에 단순히 '열심히'라는 말로 절대 성공할 수 없습니다. 그래서 '개천에서 용 나는' 일이 점점 줄어들고 심지어 없어지고 있는 것입니다.

이제부터 제 이야기가 시작됩니다. 이전에 본 적이 없는 '입시 큐레이팅'의 세상을 통해 정교하고, 보다 전략적인 입시 전략을 이끌어 내시길 바랍니다. 아이들과의 대화에서 결론이 항상 '공부해'

로 끝난다면 학생들은 큰 상처를 받게 됩니다. 그래서 심리 상담으로 몰리는 학생들이 많아지고 있죠. '공부해'라는 말보다 의미 있는 단어를 찾아가는 작업이 이 책을 통해서 이뤄지길 바랍니다. 사랑스런 아이들이 자신이 가진 모든 가능성을 개화할 수 있도록 함께 길을 만들어 가는 멋진 입시의 세상으로 당신을 초대합니다.

사람만이 희망임을 믿는 입시 큐레이터

윤윤구 드림

CONTENTS

PART 01

대학 입시, 트렌드에 주목하자!
교사를 위한 학생 맞춤형 상담의 모든 것

대학 입시,
트렌드에 주목하자!

▼

교사를 위한 학생 맞춤형 상담의 모든 것

CHAPTER 01

대입전형 트렌드와
주요 입시 용어

입시라는 말이 어렵게 느껴지는 가장 큰 이유는 입시가 '전문 분야'이기 때문입니다. 전문적인 분야이기 때문에 당연히 '전문 용어'를 사용하고, 용어를 잘 모르는 사람들에게는 입시가 더 어려운 개념으로 느껴질 수밖에 없습니다.

천리 길도 용어를 아는 것부터 시작입니다. 기본적인 용어의 진술은 가볍게 하고, 보다 전문적인 용어에 대해서는 더 가볍게 설명하는 것이 좋습니다. 이유는 전문 용어를 더 잘 안다고, 입시 문제가 해결되는 것은 아니니까요. 용어는 쉽고 간결하게 정리하기만 하면 됩니다. 이 책에서는 주요하게 다룰 용어들만 정리하는 것으로 했습니다. 어디까지나 용어는 용어일 뿐이니까요.

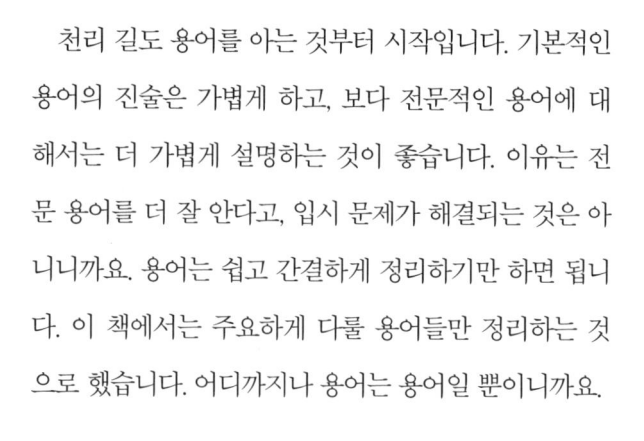

1 수시 모집 : 정시 모집 기간을 제외한 기간에 자율적으로 기간과 모집 인원을 정해 정시 모집에 앞서 신입생을 선발하는 방식. 대체로 학생부 위주 전형으로 선발하며, 총 6회 지원 가능. 합격 시 정시 전형 지원 불가.

2 학생부 위주 전형 : 학생부를 평가의 기준으로 하는 전형. 학생부 교과 전형과 학생부 종합 전형으로 구분. 학생부 교과 전형은 개별 학교의 내신을 정량적으로 평가하는 방식. 학생부 종합 전형은 학생부에 기록된 모든 내용을 토대로 학생을 종합적으로 평가하는 정성적 평가 방식.

3 정시 모집 : 일정한 기간 동안 모든 대학이 신입생을 선발하는 방식. 대체로 수학능력시험(수능) 성적 중심으로 선발. 모집군(가, 나, 다군)에 따라 1번의 지원 기회. (2023학년도 입시부터 서울대는 정시 모집에 '교과 평가'를 반영)

4 추가 모집 : 수시 모집과 정시 모집이 끝난 후 충원하지 못한 인원을 선발하는 전형.

5 전형 요소 : 수능 성적, 학생부 교과 성적, 학생부 종합 평가, 교과 평가, 서류 반영 등 합격자를 선발할 때 활용하는 자료

6 전형 요소별 반영 비율 : 전형 총점에 반영되는 전형 요소별 배점 비율
 ex) 학생부 교과 60 + 면접 20 + 서류 20

: 합격생을 결정하는 요소로 학생부 교과 성적을 60%로 반영하고, 면접 점수를 20%, 학생부 등 서류에 대한 정성적 평가 20%를 반영한다는 의미.

7 일괄 합산 전형과 단계별 전형 : 일괄 합산 전형은 지원자 전체를 대상으로 전형요소를 모두 합산해 총점 성적에 따라 선발하는 형식. 단계별 전형은 전형 방법을 단계별로 설정하고, 각 단계에서 전형 요소들의 합산 성적을 통해 합격자를 선발.

ex) 일괄 전형 : 학생부 교과 80 + 면접 20

단계별 전형 : 1단계 - 학생부 교과 100 (3배수)

2단계 - 학생부 교과 70 + 면접 30

일괄 전형은 학생부 교과와 면접을 합산해서 100점 만점으로 학생을 선발한다는 의미. 단계별 전형은 1단계에서 학생부 교과 성적만으로 3배수를 선발하고, 선발된 학생을 2단계에서 학생부 교과 70과 면접 30의 비율(혹은 점수)로 선발한다는 의미. 2단계에서 면접의 영향력이 매우 크게 작용함.

8 표준 점수 : 영역/과목 간의 난이도 차이를 보정하기 위해 원점수를 변환한 점수. 해당 수험생의 상대적인 위치나 성취 수준을 나타내기 위해 사용. (대체로 상위권 대학에서 활용하는 지표)

표준점수 = (평균) + (해당 영역/과목의 표준 편차) * (Z점수)

9 백분위 : 특정 학생의 표준 점수보다 낮은 표준 점수를 받은 학생이 전체 학

생에서 몇 %인지를 나타내는 방법. 전체 집단에서 해당 학생의 상대적인 위치를 비교할 수 있는 지표.

ex) 표준 점수가 110점이고, 백분위가 80이라면 110점보다 낮은 표준 점수를 받은 학생의 비율이 80%라는 의미. 즉, 표준 점수 110점이 상위 20% 성적이라는 의미.

10 수능 최저 학력 기준 : 수능 성적을 합격의 조건으로 제시한 것. 수시 모집에서 주로 사용함. 특정 영역의 등급 합으로 표시하거나, 특정 영역의 등급으로 표시함.

ex) 국/수/영/탐(2과목) 중 3개 영역 등급 합 5, 한국사 4등급

: 4개의 영역(국어, 수학, 영어, 탐구 2과목의 평균)에서 상위 3개 영역의 수능 등급을 합해서 5이내여야 하고, 한국사 등급이 4등급 이내이면 합격의 조건을 달성함.

11 수시 이월 인원 : 대학별로 수시 모집에서 선발하기로 했던 인원을 일부 선발하지 못했을 경우에 해당 인원만큼 정시 모집으로 이월시키는 인원. 복수 합격으로 인해 포기하는 경우, 수능최저학력 기준을 달성하지 못한 경우에 주로 발생함. 대체로 수능최저학력기준을 높이면 정시로 이월되는 인원이 증가되어 정시 인원이 확대되는 효과가 있음.

CHAPTER 02

변화하는 대학 입시, 2024학년도 이후 필승 전략은?

대입의 핵심 전략은 대입 변화 포인트입니다. 그럼 2024학년도 이후의 입시 변화의 가장 핵심적인 포인트는 무엇일지 한번 짚어볼까요? (2024학년도 입시는 2021년에 고등학교 1학년이 치르게 되는 입시를 의미합니다.)

그 이전에 먼저 이해하고 가야 할 부분이 있습니다. 2024학년도 입시에서는 전형이 더욱 단순화되는 현상을 보입니다. 이전에 비교해 보다 확실하게 논술과 특기자 전형이 줄어들거나, 없어지게 됩니다. 결국 대학을 진학하기 위한 길은 크게 보면, 3가지로 "확정"이 된다는 의미입니다.

수능 위주의 정시 전형, 내신 중심의 학생부 교과 전형, 그리고 학생의 역량을 정성적으로 평가하는 학종입니다. 대학을 가기 위한 길은 확정이 되었다는 점은 매우 중요한 포인트입니다. 학생의 역량이 결국 3가지의 방향 중 하나로 확정되어야 한다는 말이거든요. 수능 역량, 내신 역량, 학업 역량으로 대표되는 역량 가운데 학생이 확실하게 강조할 수 있는 역량이 "선명"해야 전략을 짜기가 수월합니다. 그럼, 하나씩 자세하게 살펴보도록 하겠습니다.

2022학년도 입시 변화의 중요한 특징은 정시 확대였습니다. 이 정시 확대가 실제로 수험생들과 학교에 어떤 영향을 줄 것인지 제대로 분석만 된다면, 우리는 정시 필승 전략을 만들어낼 수 있습니다.

첫 번째로 선생님이 고심하셔야 할 부분은 바로 코로나19가 정시 지형 변화에 미치는 영향입니다. 아이들과 입시 상담을 진행하실 때 제일 먼저 진행해야 될 부분이기도 합니다. 모든 학생들이 코로나19로 인한 학습의 공백, 혹은 활동의 공백을 경험하고 있다는 점, 그리고 그로 인해 고3에서 자신이 원하는 결과를 만들지 못한 학생들이 보다 적극적으로 재수, 혹은 반수를 선택할 수 있다는 점입니다.

코로나19를 겪으면서 지금 고등학교 2학년, 1학년 학생들이 제대로 된 입시전략을 준비하지 못하게 되었고, 사실상 고등학교·중학교 그리고 초등학교 학생들까지 수업 소외, 학습 격차로 이미 곤란한 상황을 겪고 있습니다. 여기서 문제가 되는 부분은 상위권의 학생들은 자신들의 학습 패턴을 유지하기 때문에 크게 흔들리지 않는 경향을 보이지만, 중위권 이하에서는 학습 결손이 크게 나타 난다는 점입니다. 코로나19라는 재난이 사회의 취약계층과 중하 층에 더 치명적인 재앙이 된다는 점을 생각하면 쉽게 이해될 것입 니다.

이런 점을 미루어 봤을 때 2021년 입시에서 코로나19로 인해 손해를 봤다라고 생각한 학생들이 대거 재수생으로 몰리고, 결국 N수생의 전체 비율은 늘어날 가능성이 높습니다. 기본적으로 입시 트렌드 전체를 놓고 봤을 때도 N수생의 비율은 지속적으로 증가하 고 있다는 것을 고려하여 전략을 짜시면 좋을 것 같습니다.

두 번째로 중요한 부분은 언론에서 중요하게 다뤘던 정시 비중 (서울권 상위 15개 대학을 기준)의 증가입니다. 재학생들과 고3 담임 을 맡으신 선생님이 이 부분에서 대단히 혼동을 느낄 수 있습니다. 특히나 서울에 있는 주요 대학에서 정시가 확대 되면 내가 가르치 고 있는 제자들이 원하는 대학을 갈 수 있는 확률이 낮아질 것이라 고 생각하시는 분들도 많을 것입니다. 그래서 언론이나 학원에서 이야기하는 것처럼 '정시 준비'에 주력해야 하는 거 아니냐는 생각 을 많이 합니다.

맞습니다. 어쨌든 정시 비율은 증가합니다. 서울 주요 대학교에 서 40%의 비슷한 수준으로 증가하게 됩니다. 전체적으로 15개 대 학을 봤을 때 2022학년도에 40%에 조금 못 미치는 비율을 보이 게 되지만 어쨌든 2024학년도에는 정시 비중이 40% 이상으로 증가하게 됩니다. 그러나 정시 전형이 확대된다는 것과 정시에 집중해야 한다는 말은 조금 다른 말입니다. 정보를 정확하게 판단해야 정확한 전략을 세울 수가 있습니다. 주어진 정보를 있는 그대로만 분석하게 되면 전략에 실패하게 되는 경우들이 많습니다. 정보는 정보로만 존재하는 것이 아니라, 다양한 상황과 환경에 영향을 받기 때문입니다. 특히나 지방의 일반계 고등학교라면 정시 확대가 합격 기회의 증가로 이어진다는 것과 어느 정도 괴리감이 있을 수밖에 없습니다.

정시 전형으로 대학을 진학할 학생들은 당연히 정시로 가야합니다. 하지만 이는 정시에서 성공할 수 있는 능력을 가진 학생들에게만 해당됩니다. 무턱대고 정시에 집중하라고 말하는 것은 '입시 전략'의 실패를 만들게 됩니다. 왜 그런지는 조금 후에 더 깊은 이야기를 진행하도록 하겠습니다.

세 번째로 중요한 부분은 정시 비율이 증가했기 때문에 그만큼 학종은 감소하고 논술도 감소하게 된다는 것입니다. 그럼에도 불구하고 전체적인 입시 상황을 고려했을 때, 재학생들에게 가장 유리한 전형은 당연히 '수시'라는 점을 반드시 기억하셔야 합니다. 왜냐하면 정시 전형에 비해 재학생의 합격률이 높은 것이 '수시 전형'이기 때문입니다.

정시가 증가했다는 사실 때문에 학부모들과 학생들은 자꾸 정시 쪽으로 쏠려가려고 하는 경향이 있습니다. 그러나 이 부분에 대해서는 확실하게 조언을 들어주셔야 합니다. 정시가 40%로 확대되면 (서울 상위권 대학이 학생부 교과 전형을 대폭 증가시키는 일이 없을 것이기 때문에) 학생부 종합전형은 여전히 40%에 가까운 비율을 유지하게 될 것입니다. 학생부 종합 전형은 좀 감소하기는 하겠지만, 재학생들에게는 가장 유리하고 강력한 전형이 된다는 점을 꼭 기억해주세요. 그러니 수시 축소라는 정보 때문에 수시를 포기하는 순간, 대학을 진학할 수 있는 길의 거의 절반 정도를 포기하는 것이고 그만큼 위험도가 높아진다는 뜻이 됩니다.

내신 성적 중심의 학생부 교과 전형의 전제는 모든 고등학교의 내신 성적과 학생의 역량이 동일하다는 점입니다. 즉, 어떤 고교이든 1등급은 능력이 '동일'하다는 점을 전제로 설계된 전형인 셈이죠. 일반적인 인식과는 다소 괴리가 있는 전형인 셈입니다. 그러니 당연하게 서울 상위 대학에서 학생부 교과 전형의 비율을 일정 수준 이상으로 확대할 일은 없을 것입니다.

서울대도 '학생부 교과' 전형이 없다는 점을 생각하면 매우 단순하게 이유를 추론할 수 있습니다. 내신의 중요성은 매우 높지만, 내신만으로는 대학을 가기 힘들다는 점을 여실히 보여주는 셈입니다. 단적으로 '고려대'를 생각해보시면 됩니다. 2021학년도 수시 전형에서 고려대는 학생부 교과 전형으로 활용하는 '학교추천' 전형으로 1,183명을 선발합니다. 개별 고교의 3학년 재적 학생 수의

4%까지 추천할 수 있는 전형입니다. 분명히 '내신'을 반영하는 학생부 교과 전형인데, 세부 전형 내용을 살펴보면, 조금 심각한 의문이 듭니다. 수능 최저 학력 기준도 '국어, 수학, 영어, 탐구 4개 영역의 등급 합이 인문은 5이고, 자연은 6'입니다. 일단 수능 최저 학력 기준만 봤을 때는 가장 큰 장애물 중의 하나로 보입니다. 그런데 심각한 문제는 전형요소에 있습니다. 단순히 학생부 교과 성적만 반영하는 것이 아니라는 점이죠. '학생부 교과 60% + 서류 20% + 면접 20%'을 합산한 점수가 전형 요소입니다. 어차피 학교 추천 전형이니 내신은 1등급 일테고 수능 최저 학력 기준을 높게 설정했으니 수능 성적도 어느 정도 있어야 하고, 거기에 면접 역량까지 있어야 하며 심지어 학생부 종합 전형의 요소인 서류도 20% 수준으로 반영이 됩니다.

　여기서 교과 성적의 비율이 60%이기 때문에 학생부교과 전형으로 생각하기 쉬운데, 사실상 아니라는 점을 알 수 있습니다. 학생부 교과 전형은 학생의 기본 자질을 확인하는 수단일 뿐인 것이죠. 결국 내신을 정성적으로 반영하는 것이 아니라, 정량적으로 반영하는 학생부 종합 전형의 변형일 뿐입니다. 결국 매우 강력한 메시지를 전달하고 있다는 점이 이제 보이시나요? 대학교들이 '내신'의 우수함에 대해서 의심을 가지고 있다는 것입니다. 상위권 모든 대학은 이런 의심을 가지고, '면접'과 '수능 최저 학력 기준'을 학생부 교과 전형에서 조건으로 유지하고 있습니다. 결국 내신 성적만으

대학 입시 트렌드에 주목하자!

로는 갈 수 있는 대학이 한정될 수밖에 없다는 점을 보여줍니다.

다만, 학생부 교과 전형의 경우에는 서울의 상위 대학과 지방 거점 국립대가 바라보는 점이 확실하게 차이가 납니다. 그러니 입시의 방향이 어디를 지향하고 있느냐에 따라서 전략이 달라질 수 있다는 점이 중요합니다. 서울의 상위 대학을 지향한다면 '내신 성적만' 우수하게 유지해서는 불가능한 셈이지만, 지방 거점 국립대의 경우에는 '내신 성적만'으로도 충분히 합격할 수 있습니다. 그러니 목표와 지향점에 따라서 준비해야 할 것이 선명하게 차이가 난다는 점을 알 수 있네요.

사실, 입시와 관련된 이야기를 하면서 가장 어려운 부분이 학생부 종합 전형과 관련된 내용입니다. 이 전형은 사회 전체적으로 불공정하다는 인식도 강합니다. 그러다보니 일명 '금수저 전형'이라는 꼬리표를 항상 달고 있습니다. 하지만 입시를 지도하기 위해서 절대 포기할 수 없는 전형이 바로 학생부 종합 전형이기도 합니다. 그러니 입시 상담을 준비하시는 선생님들께서는 조금 더 공부를 하는 것이 중요합니다. **학생부 종합 전형도 '전형'이기 때문에 공부를 통해서 충분히 좋은 성과를 만들어 낼 수 있습니다.**

2024 입시를 준비하기 위해서는 더 미리 학생부 종합 전형을 설계하는 것이 필요합니다. 제대로 된 설계를 위해서는 당연히 설계도가 필요하고, 그 설계도를 만들기 위해서는 '설계하는 방법'을

공부해야 합니다. 학생부 종합 전형이 지탄을 받는 이유는 학생부 종합 전형에 대해 공부를 한 교사와 학부모가 거의 없다는 점이 가장 큽니다. 특히나 학부모들은 경험해 본 적이 없는 전형이기 때문에 거부감을 더욱 크게 나타냅니다. 더불어 이런 거부감은 〈SKY캐슬〉과 같은 유형의 드라마, 정치권 등에서 나타나는 입시 비리 등으로 인한 효과가 크게 작용하는 것이 사실입니다. 그런 인식을 드러내는 대표적인 단어가 '깜깜이'라는 단어입니다.

학생부 종합 전형 자체를 깜깜이라고 생각하는 순간 조금 심각한 오해와 인지부조화가 발생하게 됩니다. 여러 이야기들이 있어야 하겠지만, 입시가 복잡해지는 것에 대한 두려움이 어느 정도 반영된 인식이기도 합니다. 하지만 우리 사회가 갈수록 복잡해지고 전문화되어 가는 현상 또한 인정해야 합니다. 사회 전반적으로 다양성이 존중되어가고 있는데, 왜 고등학생의 다양성은 인정받지 못하고 있는지, 왜 입시에서는 그런 다양성이 존중받지 못하고 있는지를 고민해야 하지 않을까요?

다양한 관심사와 놀라운 가능성을 가진 학생들이 객관식으로 줄을 서야 하는 상황이 계속 이어지고, 그것을 정의롭다고 생각하는 사람들이 많다는 점은 매우 안타까운 일입니다. 공정함이라는 것은 '차이'를 인정하는 것에서 출발해야 하는데, 유독 입시에서는 차이를 인정하지 않고 일괄적이고 기계적인 '평등'이 통용되는 이유를 조금 더 고민해봐야 합니다. 사실, 기계적 평등이라는 것도 정시 상황을 생각해 보면 말도 안 되는 부분입니다. 어떤 과목을 선택해서 수능을 치렀는지, 경쟁률이 어떤지, 출제 경향이 어떤지 등 순전히 운의 요소에 기대는 부분이 얼마나 많은지 모릅니다. 지금도 여전한 '눈치 작전'은 공정이나 실력과 상관없는 영역입니다.

현실적인 이야기로 돌아가서, 여전히 학종은 40% 수준을 차지하는 의미 있는 전형이기 때문에 이를 준비하기 위해서는 적극적인 공부가 필요합니다. 사실, '전형'이기 때문에 평가요소가 존재하고, 그 평가요소를 이해하는 것으로 충분히 준비가 가능합니다. 결국 입학사정관과 위촉 입학사정관(대학 교수)은 그 평가 요소를 기준으로 학생부를 평가해서 우수한 학생을 선발하기 때문입니다. 그러니 학생부 종합 전형의 평가요소에 대해서는 깊은 공부가 필요하겠죠. 공부하면 할수록 '평가자의 시선'으로 학생부를 볼 수 있게 되고, 그렇게 되면 당연히 보다 의미 있는 준비를 할 수 있게 됩니다. 어떤 활동과 기록이 의미 있는지를 판단할 수 있게 되고, 결국 더 나은 진학 지도가 가능해지는 것이죠.

학종의 또 다른 심각한 오해는 내신이 좋지 않은 경우에 아이들이 미리 포기한다는 점입니다. 흔히 말하는 '내신 폭망' 상태가 되면 자연스레 '정시 파이터'를 이야기합니다. 숱한 학생과의 상담에서 무수히 많이 들었던 말이기도 합니다. 하지만 이것은 정말 심각한 오해입니다. 학생부 종합 전형을 완전하게 이해하지 못한 것입니다. 내신 성적은 언제나 중요합니다. 특히 학생부 교과 전형에서요. 하지만 학생부 종합 전형에서 내신 성적은 '정량적'으로 평가되지 않습니다. 객관적으로 드러나는 내신 성적이지만 학생부 종합 전형에서는 **내신 성적에 대한 평가가 정성적으로 평가**됩니다. 즉, 내신 1등급이 반드시 내신 2등급보다 우수한 평가를 받는 것이 아닙니다. 만약 그렇다면 학생부 교과 전형과의 차이점이 전혀 없는 것이죠. 여기서 우리가 주의해야 할 부분은 '정성적' 평가가 어떻게 이뤄지는지를 아는 것입니다.

단순하게 사례를 하나 들어보겠습니다. 고등학생이 되어서 1, 2학년에 내신 성적이 좋지 않으면 학생들은 '내신 포기'를 선언합니다. 수능을 준비해서 대학을 가겠다고 주장을 하죠. 하지만, 정시 수능을 준비하는 것과 내신 성적을 준비하는 것이 큰 차이가 나는 것은 아닙니다. 결국 생각보다는 성적을 올리지 못하고 실패하는 경우들이 많죠. 정시에 올인 하겠다는 생각으로 내신 성적을 올리기만 하면 학생부 종합 전형에서는 나름 좋은 평가를 받게 됩니다. 내신 성적이 올라간 이유를 대학은 집중해서 살피거든요. 학생의 변화가 발생하게 되면 그 변화의 이유와 과정을 살펴보는 것이 학생부 종합 전형의 핵심입니다. 단순하게 '객관식 시험'을 잘 치는 학생을 선발하는 전형이 절대 아닙니다.

재학생의 경우에는 1학년 1학기부터 3학년 1학기까지 5개 학기가 학생부 종합 전형의 평가 대상이 됩니다. 조금 더 쉽게 예를 들

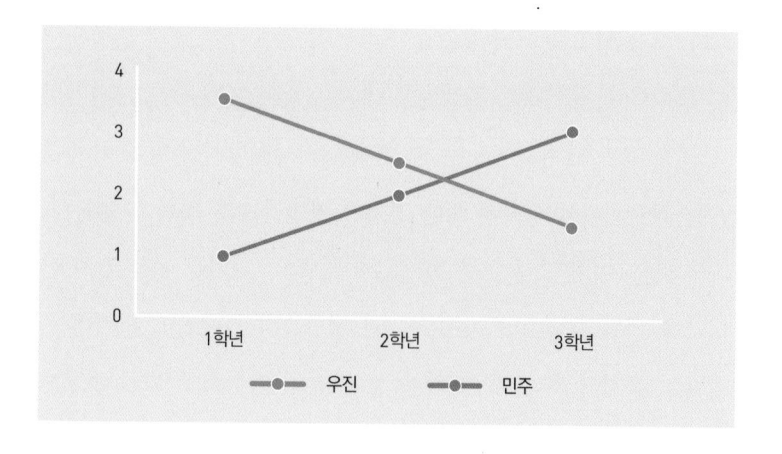

어 볼까요? 우진이의 5학기 내신은 2.5이고, 민주의 내신은 2.0입니다. 어느 학생이 우수하냐고 질문을 하면 대체로 민주라고 대답을 합니다. 맞습니다. 학생부 교과 전형에서는 민주가 압도적으로 우수합니다. 하지만, 학생부 종합 전형에서는 이야기가 다를 수 있습니다.

그래프를 보면 우진이는 1학년 때 4등급으로 시작했지만, 지속적으로 자신의 내신 성적을 향상시키는 모습을 보여서 3학년 때 1등급으로 마무리를 했습니다. 반면, 민주는 1학년 때 1등급으로 시작했는데, 지속적으로 성적이 하락하면서 3학년 때는 3등급으로 마무리되었어요. 자, 다시 질문을 해보겠습니다. 어느 학생이 더 우수해 보이나요?

우리가 보는 내신 성적은 평균치이기 때문에 평균의 함정이 존재하고 오류도 존재합니다. 단순하게 등급의 합을 보는 것으로 학생의 역량을 평가하고 재단하는 것은 학생부 종합 전형에서는 바람직한 것으로 보기 어렵습니다. 학생이 선택한 과목의 이수자 수는 어떤지, 선택 과목은 무엇인지, 성적 추이는 어떻게 형성되고 있는지, 과목의 등급 컷은 어떤지, 심화 과목을 얼마나 이수했는지, 기타 과목들의 등급은 어떤지, 수업에 참여하는 태도와 탐구 의지는 어느 정도 수준인지 등등 고려해야 할 요소들이 많다는 점을 생각해야 합니다. 학생부 종합 전형은 이런 다양한 요소들을 말 그대로 종합적으로 평가하는 전형입니다. 이런 고려 없이, 드러난 결과인 '내신 성적의 등급만' 본다면 개별 학생이 가진 다양한 역량들을 파악할 수 없게 됩니다. 결국 내신 등급으로 줄 세우기와 다를 바가 없는 것이죠.

다시 한 번 강조합니다. 학생부 종합 전형에서의 내신 성적은 보다 종합적으로 평가됩니다. 특히나 2015 개정 교육과정이 시작되고 학생들의 '과목 선택'이 이뤄지는 상황에서 종합적 평가는 더 디테일하게 이뤄질 수밖에 없습니다. 학생의 교과 선택이 보다 많은 정보들을 제공하게 되니까요. 그러니 이제 고등학교를 진학해야 하는 학생들의 입장에서는 보다 적극적으로 학생부 종합 전형을 준비하려는 마음가짐이 필요합니다.

이런 준비에서 가장 중요한 것은 '질문하는 습관'입니다. 궁금한 것을 그냥 넘어가지 않고, 적극적으로 질문하고 해결하려는 자세가 중요합니다. 저는 이 의미를 담아서 "학종형 인간"이라는 표현

을 사용합니다. 학생도 학종형 인간이 되어야 하고, 학부모와 교사
도 학종형 인간이 되어야 합니다. 학종형 인간의 핵심은 '질문하는
자'입니다. 조금 고급스러운 언어를 사용하자면, '지적 호기심'을
가진 사람을 지칭하는 용어입니다. 궁금한 것을 가지는 것이 최고
의 학생부 종합 전형을 준비하는 자세이자, 전략인 셈이죠.

CHAPTER 03

상위권 대학에 진학하는 학생들의 주요 핵심 지원 전략

인구 절벽이라는 단어, 많이들 들어보셨죠? 사실 미리 예견된 재앙이긴 한데, 우리 사회가 예견된 재앙을 준비하지 않고 있었던 측면이 매우 강합니다. 사회 전반에서 인구 절벽을 첨예하게 경험하게 되는데, 교육도 예외의 분야는 아닙니다. 학령인구는 계속 줄어들고 있고, 대도시에 비해 중소 도시들이, 중소 도시에 비해 농촌에서 더 심각한 문제로 드러나고 있습니다.

여기서 조금 심각한 문제는 학령인구가 줄어듦에도 불구하고 '서울 상위권 대학'을 지향하는 학생들의 선호는 결코 줄어들지 않고 있다는 점입니다. 과거에는 지방 국립대들이 매우 강력한 힘을 가지고 있었습니다. 그러나 근래의 입시에서는 '서울 지향성'이 뚜렷하게 나타나고 있습니다. 그러니 서울 상위권 대학을 진학하

기는 더욱 힘들어지게 되고, 서울 상위권 대학의 합격선은 여지없이 높아지게 됩니다.

2024학년도 대학 입시에서는 2022학년도 입시에서 시작된 변화가 지속적으로 이어지게 될 것입니다. 가장 눈에 띄는 것은 약대의 신설입니다. 2022 대학 입시에서 약 1,600명 수준의 약대 모집이 큰 변수로 작용하게 되고, 상위권 지형에 큰 변화를 주게 될 것입니다. 이른바 '의.치.한'이라고 부르는 최상위권에서 '의.치.수.한'으로 변화하고, 다시 '의.치.수.약.한'으로 변화하게 되는 흐름을 보이고 있습니다. 이렇게 최상위권으로 분류되는 약대가 1,600명 선발을 시작하면서 이공계열 상위권에도 큰 변화가 나타나게 될 것이고 2024학년도 대학 입시에서도 그 영향이 고스란히 나타나게 될 것입니다.

더불어 주요 대학들이 신설하고 있는 학과들도 유심히 살펴야 합니다. AI, 빅데이터, 반도체학과 등 상위권 대학들이 매우 강조하고 혜택을 많이 주는 학과들의 등장은 이공계열 상위권 지형에 변화를 주고 있습니다. 특히, 상위권 대학에서 이른바 '채용 보장형' 학과가 등장하면서 많은 논란이 되었지만, 여전히 모집을 진행하고 있기 때문에 고려해야 할 요인으로 크게 작용하게 됩니다.

주요 대학의 지원 전략에서 가장 깊게 고민해야 할 부분은 당연히 개별 학생이 가진 "역량"이 무엇인지를 파악하는 것입니다. 크게 본다면 대학을 진학할 수 있는 방법은 학교 내신 중심의 '학생부 교과 전형'과 수능 성적 중심의 '수능 위주 전형', 그리고 학생의 종합적인 역량에 포커스를 두는 '학생부 종합 전형'입니다. 3가지의 전형 가운데에서 개별 학생의 역량이 어떤 점에 포인트가 있는지를 파악하는 것이 중요합니다. 우수한 학생들이 서울의 상위권 대학으로 몰리는 현재의 상황을 감안한다면 학생의 약점보다는 '강점'이 무엇인지를 파악하고 이를 극대화하기 위한 전략이 필요합니다.

만약 객관식 문제를 푸는 역량이 강하다면, 당연히 내신과 수능 중심의 전형을 준비해야 합니다. 객관식의 역량은 개인별로 매우 차이가 나고, 준비하는 과정도 매우 차이가 나기 때문에 일괄적으로 이야기하기는 어려움이 있지만, 객관식 역량이 탁월한 학생들의 공통점은 매우 오랜 시간을 공부할 수 있는 역량이 중요하게 작용합니다. 그래서 정시전형이 압도적으로 N수생에게 유리합니다.

아래 그래프를 통해 확인할 수 있는 것처럼 객관식 시험에 강한 학생들은 대체로 공부의 습관들이 확고한 학생들이기도 합니다. 대체로 학생들에게 이야기할 때 '정시러[2]'가 되기 위해서는 하루 12시간 정도를 공부에 "집중"하는 것이 필요하다고 말합니다. 최고의 전략인 셈이죠. 공부한다고 책상에 앉아있는 시간 말고, '집중'해서 수업을 듣고, 자기 공부를 해가는 시간만을 말합니다. 평일의 수업 시간을 대체로 7시간을 설정한다면, 자신만의 공부가 최소 6

---

2 정시를 주력으로 공부하는 학생들

서울대 진학 학생의 공부 시간 그래프

일일 평균 공부 시간

중간고사   기말고사   방학

━●━ 서울대생의 공부시간   ━●━ 보통 학생들의 공부시간

출처 : EBS 교육대기획 10부작 학교란 무엇인가

시간 이상은 되어야 합니다. 이 시간은 "최소한의 시간"입니다. 공부하는 척하는 시간이 아니라, 정말 집중해서 주도적으로 공부하는 시간입니다. 쉽지 않죠. 근래에는 그렇게 공부하는 학생들이 잘 안 보이는 것도 사실입니다. 보통은 재수하는 학생들에게서는 흔히 볼 수 있다는 점이 아쉬운 부분이긴 합니다.

주도적으로 자신의 삶을 개척하려는 역량이 강하다면(이를 대학에서는 '자기주도성'이라는 표현을 씁니다.) 학종을 준비해야 합니다. 특히, 서울의 상위권 대학의 경우에는 학종에서 상당수의 대학이 '수능 최저 학력 기준'을 설정하지 않고 있습니다. 이 부분을 정확하게 해석하는 것이 필요합니다. 왜 대학은 학생부 종합 전형에서 수능 최저 학력 기준을 완화하거나 폐지했을까요? 다양한 이유가 있

겠지만, 핵심은 선명합니다. 대학의 가장 본질적인 기준은 '우수한 학생'을 선발하는 것입니다. 수능 최저 학력 기준을 폐지한 이유도 이 연장선에서 파악이 가능합니다. 수능 최저 학력 기준이 존재하지 않아도 우수한 학생을 선발할 수 있다는 대학의 자신감이 반영된 것입니다.

이미 학생부 종합 전형으로 선발한 학생들이 대학 생활에서 역량을 잘 드러내고 있고, 전형별로 구분했을 때 최고의 학점을 내고 있다는 점은 대학 안에서 더 이상 비밀이 아닙니다. 결국 대학은 축적된 노하우를 통해 대학이 원하는 우수한 학생을 선발할 수 있는 능력을 가지고 있는 셈입니다. 이 부분이 매우 중요합니다. 상위권 대학은 자신들이 원하는 '우수한 학생'을 선발하는 기준을 가지고 선발하는데, 개별 학생과 학부모, 교사가 이를 파악하고 있는지가 중요합니다. 이를 파악하고 있다면 학교생활을 통해서 그 '우수함'을 강조할 수 있게 되는 것이죠.

서울대학교는 2020년 10월에 '2023학년도 대입 신(新)입학 전형'을 예고했습니다. 다양한 고민을 반영한 결과이지만, 핵심을 정리하자면 정시 수능 위주 일반 전형에서 내신을 포함하는 '교과 평가'를 도입한다는 점, 정시 수능 위주 전형에서 지역균형전형을 신설한다는 점, 그리고 수시 모집 지역균형전형에서 수능최저학력기준을 완화한다는 점입니다.

정시 수능 위주 일반 전형은 1단계는 수능 성적 100%로 2배수를 선발하고, 2단계에서 1단계 성적 80점과 교과 평가 20점을 반영합니다. 교과 평가는 절대 평가 형식으로 A, B, C 등급으로 구분하여 부과하게 되는데, 평가자 두 명의 등급을 조합하는 형태이므로 실제로는 AA, AB, BB, BC, CC의 다섯 가지 형태로 구분되어 점수가 부여될 것입니다. 교과 평가는 학교생활기록부의 교과학습발달상황(**교과 이수 현황, 교과 학업 성적, 세부능력 및 특기사항**)만 반영하게 되는데, 모집 단위 관련 학문 분야에 필요한 교과 이수 및 학업수행의 충실도를 평가합니다. 결국 교과와 관련된 학생부종합전형의 요소를 어느 정도 반영하겠다는 것입니다. 교과 평가는 2단계 평가에서 20% 수준이지만, 1단계가 수능 점수로 2배수를 선발한다는 점을 감안하면 교과 평가의 결과가 수능 점수를 어느 정도 극복해낼 것으로 파악이 됩니다.

서울대가 정시 수능 위주 전형에서 '교과 평가'를 도입하는 것을 두고 일부 언론에서는 '서울대가 정시에서 내신을 반영한다'는 식으로 기사를 쓰고 있습니다. 하지만, 일부 언론에서 쉽게 이야기하는 것처럼 단순한 내신의 반영이라면 굳이 교과 평가라는 타이틀을 달 이유가 없습니다.

교과 평가는 크게 3가지의 영역으로 구분되는데, "교과 이수 현황", "교과 학업 성적", "세부 능력 및 특기 사항"이 그것입니다. 여기서 교과 학업 성적이 바로 내신에 해당하는 것이지만, '교과 평가'에서는 교과 학업 성적 이외에의 요소를 "매우" 중요하게 본다는 점을 이해해야 합니다. 결국 서울대는 학생들이 고교생활을 보다 의미 있는 무엇으로 만들어주길 원하고 있습니다. 2015개정교육과정에 따라 학생의 과목 선택권이 중요하고 이를 입시에 반영하겠다는 이야기는 이미 많이 들었을 것으로 생각됩니다. 서울대의 이번 발표는 상위권 대학들이 선택 과목에 대해 어떤 생각들을 가지고, 어떻게 평가하려고 하는지의 기준이 될 것으로 보입니다. 결국 다른 대학도 유사한 형태로 따라갈 가능성이 매우 높습니다.

조금 더 자세히 살펴보도록 하겠습니다. '교과 이수 현황'은 교과별 위계에 따른 선택 과목 이수 내용과 진로 및 적성에 따른 선택 과목 이수 내용이 포함됩니다. 즉, 학생의 과목 선택에 대한 책임을 학생에게 묻겠다는 것이죠. 서울대뿐만 아니라 상위권 대학은 모두 이 부분에 대해서는 공통의 목소리를 내고 있습니다. 진로 및 적성에 따른 선택 과목의 결정과 이수 수준은 매우 중요합니다. **쉬운 과목을 선택해서 좋은 성적을 받는 것보다, 어려운 과목을 선택하여 탐구하는 것이 더 의미 있는 평가를 받을 수 있습니다.**

'교과 성취도'는 일반적으로 '내신'이라고 불리는데, 서울대의 교과 평가는 이를 보다 폭넓게 해석하고 있습니다. 즉, 내신 성적의 우수함뿐만 아니라, 다양한 요소를 반영한다는 것입니다. 기초 교과 영역 및 모집 단위 관련 교과 성취도의 우수성은 기본이고, '과목 수준'을 명시적으로 사용하고 있습니다. 수강자의 수, 원점수, 평균, 성취도별 분포 비율 등도 반영합니다. 개별 고교에서 성취도 수준이 남발되는 것을 대학에서 견제하겠다는 명확한 의도로 보입니다. 만약 형식적으로 성취도 평가를 모든 학생이 'A'를 받는다면 우수한 학생의 역량이 제대로 드러나기 어렵게 됩니다.

'세부 능력 및 특기 사항'은 교과별 수업 활동에서 나타난 학업 수행의 충실도를 평가합니다. 즉, 교과 세·특 내용을 '검증'하겠다는 의미입니다. 이는 서울대의 학생부 종합 전형에서 평가되는 중요한 영역이기도 합니다.

결국 위의 내용들을 종합한다면 정시에서 내신을 정량적으로 반영하는 것이 아니라는 점이 확연히 보일 것이라 생각합니다. 이를 두고 여러 가지 이야기들이 나오고 있긴 하지만, 서울대가 방향을 제대로 설정하고 있다는 점은 명확해 보입니다. 다만, 오해를 하지 말아야 할 부분은 교과 평가가 '단계형'이라는 점입니다. 즉, 1단계에서는 수능 성적으로 2배수를 선발한다는 점이 매우 중요합니다. 정시에서는 내신 성적이나 활동의 중요도는 1단계가 아니라 2단계에서 활용된다는 점입니다. 결국 정시에서는 수능 성적의 우수함을 전제로 교과 평가를 하겠다는 점입니다. 이는 수능을 준비하는 학생들이 교과 활동을 소홀히 하지 못하도록 만드는 효과가 있습니다. 흔히 고교에서 볼 수 있는 '정시러'들의 행태(수업에 집중하지 않고, 교과 수업 시간에 다른 공부를 하는 등)를 적절히 제어할 수 있는 수단이 될 수 있습니다. 더불어 근래 꾸준히 증가하고 있는 학업중단 고교생의 확산에도 어느 정도 영향을 줄 수 있을 것입니다. (참고로 서울대 정시에서 검정고시 출신의 합격생은 증가 추세에 있습니다.)

객관식을 전제로 교과 역량의 우수함을 평가한다는 점에서 서울대 정시 성적은 다소 하락하게 될 것입니다. 이렇게 교과 평가가 반영된다면 정시에 집중하면서 교과를 소홀히 한 학생들은 연세대와 고려대로 입시의 방향을 선회할 수밖에 없습니다. 특히, 전형이 발표된 시점에서 고1을 대상으로 시행한다는 점에서 원성을 사고 있는 점도 있습니다. 이미 정시를 생각하고 있던 고1 학생들에게는 청천벽력과 같은 상황이니까요.

CHAPTER 04

내신이 불리한 상황에서
명문대 입학하기

'그런데 말입니다~'로 시작해야 할 것 같은 느낌이지만, 조금은 고민스러운 부분이 있습니다. 성공적인 입시 상담은 어떤 것인가에 대한 고민 때문입니다.

대체로 입시 상담을 하면서 학생들의 가능성을 발견하고, 키우는 것을 우선시 하기 때문에 최종적으로 불합격을 하더라도 상담을 진행했던 학생들의 만족도는 매우 높은 편입니다. 자신 안의 놀라운 모습을 발견했다고 기뻐하는 학생들을 볼 때면 입시 지도 교사로서 뿌듯함도 많이 느끼고 조금 더 노력해야 한다는 책임감도 강하게 느끼게 됩니다. 하지만 현실적으로 그리고 학부모들이 생각하기엔 성공적인 학생이 아닐 수 있으니, 가능하면 납득이 될 학생의 사례를 보여드리고자 합니다.

숱한 학생들 가운데서 사례를 소개하는 학생의 공통점은 일반적인 인식의 수준에서 '그 정도의 내신과 비교과라면 갈 수 있을 것 같다' 고 생각하는 학생은 제외하고, 다소 부족한 면이 있고 어려움이 있지만 합격한 사례들을 중심으로 소개하고자 합니다. 그런 과정을 통해서 '입시 상담'의 필요성과 중요성을 조금 더 인지했으면 하고, 입시 상담의 방향도 잡을 수 있으면 좋겠습니다. 전체적인 학생의 비교과와 성적을 가늠해보시고, 대학이나 학과를 추론해보는 것도 좋은 방법이 됩니다.

사례 1 　지현 학생

1. 수상 실적

학년	수상명
1학년	사생대회 등 2건
2학년	수학 멘토링 관련 수상, 과학관련 활동 우수 등 10건
3학년	지역 고교 연합 캠프 PPT 공동 수상 등 3건

먼저 수상 실적을 보면 총 15건입니다. 항상 반복하는 말이지만, 수상 실적의 개수는 크게 중요하지 않습니다. '와~ 고등학교에서 상을 많이 받았으니까 우수한 학생이네~' 라고 대학은 생각하지 않는다는 뜻입니다. 핵심은 해당 수상 실적이 해당 학년에서 학생이 지향했던 바와 얼마나 일치

하는지가 가장 중요하고, 그 다음으로 고려되는 것이 학업 역량을 보여줄
수 있느냐 입니다. 이때 학업 역량은 당연히 내신 성적의 우수함을 의미하
는 것은 아닙니다. 그런 의미에서 과목별 경시대회는 굳이 큰 의미를 가
진다고 보기는 어렵습니다. 과목별 경시 대회는 대체로 내신 성적과 연관
성을 가지게 되는 것이니 의미 있는 수상으로 평가받을 이유가 굳이 없는
셈이죠.

선별된 수상 데이터를 보면 이 학생이 어떤 영역에 궁금증 혹은 관심을
가지고 있는지가 조금 보이시나요? 예를 들어 입학사정관은 3학년 때의
지역 고교 연합 캠프에서 수상한 것을 보면서 캠프의 주제를 궁금해 할
수 있겠죠? 그럼 학생부에서 이 기록을 "검색"하게 됩니다. 만약, 이 학생
이 자기소개서에 이 내용을 활용했다면, 수상 부분 옆에 '자기소개'라는
버튼이 생기는 대학이 있기도 합니다. 즉, 수상 자체의 중요성보다는 **그
수상이 어떤 상황에서, 어떤 과정을 거쳐서 만들어지게 되었는지가 훨씬
중요합니다.**

2. 진로 희망

학년	진로 희망
1학년	빅데이터 전문가
2학년	인공지능 전문가

진로 희망은 대체로 개별 학생의 학생부의 지향점의 역할을 합니다. 지향
점이 선명한 학생은 관련된 방향과 활동을 잘 찾는 편입니다. 3년 동안 동
일한 진로 희망을 가지는 것은 사실 대부분의 학생들에게 바람직한 것이

아닙니다. 학생이 특정 분야에 대한 관심을 가지고 활동을 지속한다면 알게 되는 것이 더 많아지게 될 것이고, 결국 진로는 더 세분화되고 전문화될 수밖에 없습니다. 초지일관 CEO(최고경영자)를 꿈꾸는 학생은 초등학생의 진로 희망을 가진 고등학생일 뿐입니다. 더 공부하고, 더 탐구하면 더 세분화된 길이 보이기 마련이고, 그렇다면 COO(최고 업무 책임자), CFO(최고 재무 책임자)에 대한 진로를 찾게 되겠지요.

진로 희망에 대입이 미반영 되지만, 여전히 중요한 이유가 여기에 있습니다. 학생이 진로 희망이라는 방향을 정하게 되면 그 방향에 맞는 활동들과 전공적합성이 드러나게 됩니다. 지현이의 경우에는 진로 희망이 3년 동안 계속 바뀌었습니다. 하지만, 상위권 대학을 진학하는데 전혀 불이익이 없습니다. 왜냐하면 진로 희망이 중요한 것이 아니라, 그 진로 희망을 이루기 위해 '노력한 과정'이 더 의미가 있기 때문입니다. 특히, 3학년 진로 희망을 적어두지 않았는데, 이후에 이어지는 학생의 활동들을 보면서 한번 추론해보세요.

지현이는 자신의 진로 희망이 점점 깊어지는 과정을 보여주고 있습니다. 왜냐고요? 자꾸 궁금하고, 알고 싶으니까요. 정확하게는 지현이가 알고 준비한 것이 아니라, 자신이 궁금한 것을 자꾸 공부하다보니 알게 된 것들입니다. 여기서 진학 지도의 중요성이 드러납니다. 기본적으로 고등학생은 세상에 대해, 직업에 대해 많이 알지 못합니다. 단순하게 교과와 비교과 활동을 보고 대학을, 학과를 어디로 가면 되겠다고 말하는 것은 진학지도의 하수입니다. 진정한 진학 고수는 개별 학생이 알지 못할 수도 있는 길을 찾을 수 있도록 도와주는 헬퍼(helper)이자, 셰르파(Sherpa)입니다. 지현이의 진학 지도가 어떻게 이뤄지는지 잘 살펴보시고, 지현이가 고민하고 있는 부분들을 집중해서 함께 고민해주세요.

3. 창의적 체험 활동

학년	창의적 체험 활동
1학년	NIE 활용 프로그램 - 응용 수학 창체 동아리 : 모의유엔 동아리 ┈⟶ 문제 해결력 강조
2학년	이공 캠프 - 드론, NIE 활동 - 뇌과학, 프로그래밍 관련 자율 동아리 활동, 봉사관련자율동아리, 체인지 메이커 관련 봉사 활동 - 창의성에 대한 구체적 기록, 인공 지능 특강 및 데이터 네트워크 특강
3학년	코딩 관련 특강 및 세미나 활동

지현이의 창의적 체험 활동을 살펴보면, 가장 돋보이는 부분이 1학년의 문제해결력, 2학년의 창의성, 인공지능 관련 활동입니다. 1학년 때 빅데이터 전문가를, 2학년 때 인공지능 전문가를 꿈꾸던 학생처럼 조금씩 관련된 활동들을 통해서 자신의 역량을 드러내고 있습니다. 지현이가 무언가를 하고 싶다는 뚜렷한 목적 보다는 대략적인 방향을 설정하고 자신이 재미있어 하는 분야를 적극적으로 공부를 한 셈이죠. 이때 중요한 것은 개별 학교의 프로그램에 대해서 대학이 어느 정도 이해를 하고 있다는 점입니다. 즉, 지현이가 고등학교의 여러 활동 중 특별히 저런 활동에 집중한 이유를 교과 세특을 통해 어느 정도 단서만 제공해주면 됩니다. 자율 활동이나, 교과 세특에서 모든 것을 보여주려고 할 필요가 없다는 거죠. 입학사정관이 '추론'을 할 수 있도록 여백을 주는 것도 중요합니다. '합리적 추론'이 가능하도록 구성을 하는 것이 전략인 셈입니다.

4. 세부 능력 및 특기 사항

학년	세부 능력 및 특기 사항
1학년	수학 : 물리 시간의 파동 내용 관련된 주제로 발표, 다양한 과목의 방과 후 학교 참여 사회 : 빅데이터로 분석하는 사회적 네트워크 발표 과학 : 소리의 파동적 성질, 정보의 전달 방식에 대한 발표 및 탐구, 지속적인 질문에 대한 언급 …→ 지적 호기심 정보 : 코딩 활용한 창의적 프로그래밍 마케팅 관련 탐구보고서 활동
2학년	수학 : 인공지능 관련 발표 및 창의적 접근 평가, 멘토링 활동 물리 II : 흥미를 구체적으로 풀어내는 과정 기록 하나의 사실에 대한 다각적 접근 평가 3교과 과제연구 : 인공지능 관련 빅데이터 분석 관련 연구 프로그래밍 관련 방과 후 학교 3건
3학년	과학 : 인공신경망, 딥러닝 관련 탐구 및 발표 지적 호기심, 질문 관련 평가 4건

이제 매우 중요한 과목별 세부 능력 및 특기 상황을 보도록 하겠습니다. 사실 엄청나게 많은 데이터이긴 하지만, 실제 지현이의 교과 세특에서 가장 돋보이는 것들을 추려봤습니다. 이 부분에서는 하고 싶은 말이 너무도 많지만, 가장 중요한 포인트는 "왜 이 활동을 했는가"입니다. 즉, 선생님들이, 학부모님들이 질문해야 할 가장 중요한 것은 개별 교과 세특의 내용에 기록된 것보다는 왜 이런 활동을 하게 되었고, 이 내용이 적히게 되었는지 이유를 알아야 합니다. 그래야 '진학 지도'의 방향이 잡히게 됩니다.

지현이의 경우에는 2학년 때 인공지능과 관련된 내용들이 많이 기술되어 있습니다. 여기서 심각한 오해가 좀 생깁니다. 인공 지능 분야의 전문가를 꿈꾸는 학생이 모든 교과에서 인공 지능과 관련된 발표를 하고 기록을 하는 것이 의미가 있을까요? 당연히 아닙니다. 많은 학교들의 교과 세특에서 이런 기류들이 보입니다. 전공적합성을 너무 얄팍하게 생각하기 때문입니다. **포인트는 학생이 가진 '궁금증'과 해당 교과목의 '접점'입니다.** 이이야기는 지나치게 긴 이야기라서 다음 책을 기약하도록 하겠습니다.

다시 지현이의 이야기로 돌아와서, 이렇게 물어봅니다. 2학년 과제탐구의 인공지능 관련 빅데이터 분석은 무엇을 분석했는지, 왜 분석했는지, 어떻게 분석했는지 등 다양한 대답들 속에서 가장 근본적인 의문을 찾아냈죠. '인공지능이 어떻게 정보를 인식하는지'를 궁금해 하고 있던 것입니다. 그수단 중에 지현이는 '소리'(1학년 과학)를 통한 정보의 인식에 깊은 관심이 있었습니다. 그래서 3학년 진로 희망을 '인공지능 음성인식 전문가'로세팅을 하고, 다양한 준비를 병행했습니다.

5. 독서

학년	독서
1학년	『빅데이터를 지배하는 통계의 힘』, 『구글 신은 모든 것을 알고 있다』 등 13권
2학년	『장하석의 과학 철학을 만나다』, 『제4의 물결이 온다』 등 10권
3학년	『처음 배우는 딥러닝 수학』, 『구글에서 배우는 딥러닝』, 『소리 혁명』 등 6권

독서는 많은 학생, 학부모, 교사가 여전히 혼란스러워 하는 부분이긴 하지만, 입시 특히 학종에서는 무척이나 중요한 부분입니다. 이 부분은 따로강조할 계획입니다. 여기서 가장 많이 받는 질문은 '도대체 1학기에 책을얼마나 읽어야 하나요?' 같은 질문입니다. 정답은 "상관없다"입니다. 독서

의 양이 아니라, 독서의 질이 훨씬 더 중요합니다. 특히 독서는 책 읽기 자체가 자신의 궁금증을 해결해가는 하나의 과정이 되어야 합니다.

지현이가 공부하고, 탐구하고, 읽어가는 내용들이 '인공지능 음성인식 전문가'라고 하는 방향으로 귀결되는 것처럼 하나의 방향을 잡아주는 것도 의미가 있습니다. 반드시 이렇게 방향이 잡히는 것은 아니지만, 공부를 하다 보면 어느 정도 방향이 잡힐 수밖에 없습니다. 다만, 대학에 가서 지현이가 정말 '인공지능 음성인식 전문가'가 될 것이냐는 논외의 문제입니다. 대학에서 더 깊은 학문을 이해하고, 공부하게 되면 당연히 진로가 바뀌게 되겠죠. 그러나 지금 당장 지현이의 공부 방향은 그쪽이라는 점이 중요합니다. 이 방향 설정을 통해 '학업역량'과 '전공적합성'을 보여줄 수 있게 되는 것입니다.

6. 행동 특성 및 종합 의견

학년	행동 특성 및 종합 의견
1학년	물리와 수학에 대한 선호, 잠재력에 대한 긍정 평가, 지속적인 NIE 활동, 탐구형 방과후학교의 적극적 수강과 긍정 평가
2학년	사람 마음에 대한 이해도 높음, 배려심에 대한 급우들의 평가 구체적 기록, 프로그래밍 학습 과정 기록, '뇌-기계'의 접속 기술에 대한 관심에 대한 구체적 기록, 많은 질문들을 통해 성장을 이루어가는 학생이라는 평가

종합 의견은 하나의 추천서라는 점에서 매우 의미가 큽니다. 개별 학생을 1년 간 "관찰"한 교사의 의견이 적히는 공간이니까요. 즉, 1년 간 학생을 바라본 교사의 '의견'이 기록이 되는 셈이죠. 이때 강조할 부분은 단순한 우수함의 기록이나 추상적 진술은 전혀 도움이 되지 않는다는 점입니다.

구체적 사례, 합리적 추론이 가능한 소스들을 제공하는 것이 중요합니다. 입사사정관이 학생의 우수함과 학생의 우수함에 대한 교사의 '애정'을 합리적으로 추론할 수 있으면 최고의 결과가 만들어지게 됩니다.

2024학년도 입시부터 자기소개서가 없어지기 때문에 굳이 지현이의 자소서는 언급할 필요가 없긴 하지만, 방향을 잡기 위한 소스로는 활용이 가능합니다. 개인적인 생각이지만, 자소서 폐지는 교육 정책의 실책이라고 느껴집니다. **수험생이 자신에 대해서 이야기를 할 수 있는 유일한 서류가 바로 자기소개서입니다.** 학생부는 나를 바라본 다른 사람의 관찰과 평가에 대한 것이죠. 수험생이 자신의 역량에 대해서 말할 수 없는 평가 시스템을 만든다는 것은 다소 어폐가 있습니다.

자소서 폐지의 가장 큰 이유는 '사교육 유발'이었습니다. 하지만, 우리 모두 알다시피 우리나라에서 사교육을 가장 많이 유발하는 것은 컨설팅도, 논술도, 자소서도 아닌 수학이고, 영어입니다. 그럼 사교육 유발을 고려할 때 가장 먼저 폐지를 고민하고, 수준을 낮춰야 하는 것은 수학과 영어입니다. 정책을 입안할 때 인식의 오류가 있다는 사실 자체를 인지하지 못하는 상황인 셈입니다.

지현이는 이공계열을 준비하는 학생입니다. 기본적으로 글을 쓴다는 것 자체를 힘들어 하는 학생입니다. 그러나 지현이의 자소서는 매우 훌륭하게 만들어졌습니다. 자소서가 훌륭한 것은 글을 잘 썼다는 의미가 아닙니다. 잘 쓴 자소서는 자신의 '궁금증'을 해결하는 과정을 선명하게 잘 보여주었다는 것을 의미합니다. 지현이와 자소서 상담을 통해, 빅데이터 관련 학습에서 음성 인식 기반 인터페이스 기술에 대한 관심으로 확장된 과정, 그리고 이를 활용하고 있는 스마트 기기들에 대한 관심과 기술의 한계에 대해 의문을 가졌던 부분과 해결 과정을 명확하게 보여주었습니다. 없는 것을 만드는 과정이 아니라, 지현이가 학교 활동을 통해 보여주었던 것을 정리하는 과정인 셈이죠. 2024 이후의 입시에서는 자소서 폐지로 인해 학생부에서 이 과정을 조금 더 선명하게 보여줘야 합니다. 즉, 학생부의 교과 세특이 더욱더 중요해진 셈입니다.

특히, 학생부를 통해 강조했으면 하는 영역이 하나 더 있습니다. 지현이의 경우에는 "불편함"의 해소라는 부분에서 많은 고민을 한 흔적들이 학생부에 있었습니다. 매우 중요한 포인트죠. 인공지능 음성 인식 전문가는 결국 생활의 불편함을 해결하기 위한 도전의 과정이기 때문에 **'계열'에 맞는 우수함을 불편함의 해소 과정을 통해 보여준 것입니다.** 이른바 "계열 적합성"이죠. 이 불편함의 해소는 대체로 이전에 생각하지 않았던 방식을 활용하면서 나타나는 편이거든요. 즉, "창의성"이죠!

지현이는 결국 이러한 우수함을 무기로 내신의 불리함을 극복하고 서강대 컴퓨터공학과를 진학했습니다. 별로 좋지 않은 내신 성적에 서강대학교를 쓴다고 담임교사에게 엄청난 구박을 받았더랬죠. 하지만, 지현이가 보여준 역량은 충분해 보였기에, 저와 학생은 도전을 선택한 것입니다. 결국 그 학교에서 서강대를 진학한 가장 낮은 내신으로 합격한 학생이 되었습니다. 역량이 있다면, 그리고 그 역량을 증명할 재료들이 충분하다면, 선생님께서도 언제든 도전을 선택하세요.

CHAPTER 05

학생부 교차 평가로
명문대 입학하기

이번에는 조금 다른 방식으로 입시 지도 방법을 정리해

보았습니다. 입시 지도를 위해서는 학생부를 종단으로,

횡단으로 분석하는 연습이 필요합니다. 종단으로 학생

부를 분석하고 그에 맞는 전략을 짠 후에 역량을 강조

하는 방법을 사례를 통해 설명해보겠습니다.

1학년

- **자율:** '인간 소외' 주제로 인문학 캠프, '정의' 주제로 토론
- **동아리:** 반크 – 캠페인
- **봉사:** 장애인 인식 관련 캠페인
- **진로:** 국제 외교 관련 특강, 자본주의의 한계 관련 독서 및 세미나 진행
- **수상:** 백일장(장려), 문학상(운문, 장려), 독서발표대회(장려) UCC 대회 (은상) 등 9건
- **교과 세특:** 국어, 사회 – 예리하고 비판적

  사회 – 난민 주제로 발표

  영어 – 국제기구 관련 발표에서 거시적 시각 탁월
- **독서:** 광고 관련 도서 4권, 철학 관련 3권, 기타 4권
- **진로 희망:** 광고, 홍보 분야

이렇게 횡단으로 학생부를 분석을 해보면 조금 더 다른 모습들이 보이게 됩니다. 광고, 홍보 분야의 전문가를 생각했던 은수는 광고 분야에서 돋보이는 역량이 될 수 있는 비판적 사고, 거시적 분석력 등을 골고루 보여주었습니다.

특히, 가장 눈에 선명하게 들어오는 것은 국제기구와 관련된 다양한 활동과 영어 능력이었습니다. 내신 성적이 전반적으로 3등

급 대를 유지하는데, 유독 영어만 1등급을 유지하고 있었죠. 이런 상황에서는 앞서와 같은 '질문'들이 매우 중요하다는 것, 이해하시죠? 영어 역량에 대한 깊이 있는 이해가 필요하기 때문에 또, 다양한 그리고 심도있는 질문을 던지게 됩니다.

2학년

- **자율:** 불의와 정의 주제 인문학 캠프, 특강 프로그램 기획팀 활동
- **동아리:** (자율) 특강 프로그램 기획팀장 활동
- **봉사:** 시각장애인용 책자 만들기 도서입력봉사
- **진로:** 글쓰기, 기획, 디자인 키워드 → 광고, 철학 특강
- **수상:** 논술(동상), 탐구력(장려), 주제 탐구(은상) 등 10건
- **교과 세특:** 국어 - 창의적 접근

  영어 - 작품 해석의 독창성, 발표 역량 탁월

  사회 - 기발한 발상, 감각적 발표
- **독서:** 광고 관련 도서 4권, 철학 관련 6권, 기타 6권
- **진로 희망:** 홍보전문가

2학년에 진학해서도 크게 눈에 띄는 변화는 없었습니다. 내신 성적도 유사하고, 활동 자체도 매우 유사했죠. 다만, 홍보 영역에서 자신만의 역량을 '창의적 발상'이라는 측면에서 두각을 드러내기 시작했습니다. 특히, 이 창의적 발상은 기획팀 활동을 하면서 크게

드러나기 시작했습니다. 특강 강사들을 섭외하기 위해 다양한 방법들을 사용하면서 역량이 강화된 셈이죠. 특히, 관심을 가지고 본 부분은 '탐구 대회'에 지속적으로 참여하고 성과를 어느 정도 내는 모습이었습니다. 어느 정도 자기 주도적 역량을 보여주는 계기가 되었고, 교과 세특의 내용이 강화될 수 있는 계기가 탐구 활동이었다는 점을 추론할 수 있었습니다. 더불어 철학과 관련된 다양한 독서 활동이 2년째 이어지고 있다는 점도 의미가 있었던 것 같습니다.

은수의 진학 지도를 시작한 것은 2학년 겨울방학이었고, 다양하고, 깊이 있는 질문을 통해 은수의 역량들이 선명하게 보이기 시작했고, 은수가 하고 싶은 일의 방향을 어느 정도 보여줄 수 있었습니다. 어떻게 변화하는지는 3학년 과정을 살펴보면 알 수 있을 듯합니다. 중요한 것은 은수가 고교 생활을 통해 자신이 좋아하는 것, 그리고 알고 싶은 것을 알기 위해 노력했다는 점입니다. 그 노력이 '질문'들을 통해서 의미를 갖게 되는 것입니다.

3학년의 활동에서 가장 눈에 띄는 것은 아마 '진로 희망'일 듯합니다. 겨울 방학의 상담에서 자신의 진로 방향을 확실하게 선정한 것이죠. 자신이 하고 싶은 일이 단순히 '홍보'가 아니라, 자본주의가 가진 한계를 극복하는 것에 기여하고, '공익에 기여하는 홍보 전문가'라는 점을 확실하게 이해했습니다. 매우 강력한 동기 부여가 이루어졌고, 이러한 동기 부여는 자연스레 다양한 역량의 강화

3학년

- **자율, 동아리, 봉사**: 통상적 활동
- **진로**: 국제 관계 특강 등
- **수상**: 탐구력(금상)
- **교과 세특**: 영어 – 국가별 공익 광고 비교 분석

  사회 – 독특한 관점, 날선 비판, 인간 본성과 심리에 대한 깊은 탐

  구 과정

  국어 – 문학 작품별 홍보글 교실 게시
- **독서**: UN 관련 도서 3권, 미디어 관련 도서 3권
- **진로 희망**: UN DPI 활동가

로 나타났습니다. 내신 성적의 향상이 가장 드라마틱하게 나타나
긴 했습니다. 거의 3등급 대에서 움직이던 은수의 내신이 2등급 극
초반으로 상승을 했으니까요.

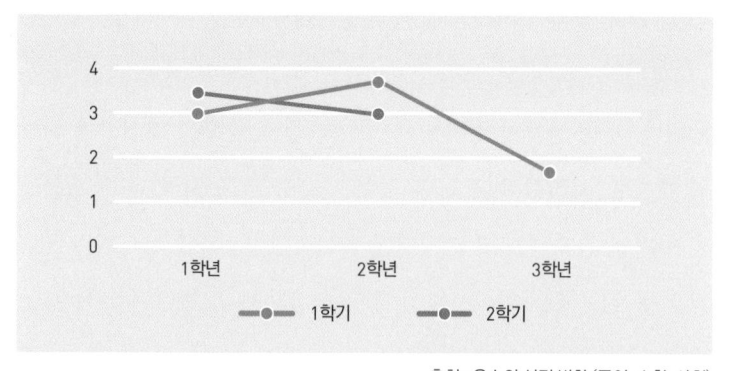

출처 : 은수의 성적 변화 (국어, 수학, 사회)

막연하게 생각했던 하고 싶은 일이 '구체화' 되고, 확실한 목표가 생겼을 때 일반적으로 나타나는 고교생의 변화입니다. 더불어서 고교 생활 자체에 대한 자신감이 선명하게 드러나는 편입니다. 은수는 고3을 보내며 교과 세특에서 자신이 만들어가길 원하는 자신의 길을 선명하게 보여주었고, 자소서에서 자신의 고민과 그 고민의 해결 과정, 그리고 자신이 가진 역량을 가감 없이 보여주었습니다. 그리고 학생부를 통해서 그 내용을 증명했습니다. 그 결과 서강대 지식융합미디어 학부 신문방송학 전공으로 진학했습니다. 4학종(수시 지원 6번의 기회 중 4번의 기회를 학생부 종합 전형에 지원한 경우)을 썼고, 모두 합격을 했습니다.

은수의 경우는 상담 초기에 학생부 자체의 교차 평가에 주목을 했습니다. 은수의 우수함을 드러내기 위해 횡단, 종단 평가로 진행한 교차 평가는 매우 강력한 힘을 발휘했습니다. 은수의 역량이 선명하게 드러났기 때문이죠. 결국 학종 준비 과정을 통해 은수는 스스로를 '증명'할 수 있었습니다.

입시 지도, 진학 지도의 필승 전략은 결국 학생의 역량이 무엇이고, 어디에 있는지를 파악하는 것에서 출발합니다. 그러기 위해서는 대학이 어떤 역량을 어떤 식으로 평가하는지를 이해해야 합니다. 교사가 통상적으로 생각하는 우수함 혹은 학생의 기본 역량과 대학이 생각하는 우수함의 기준이 다르다는 점을 인식하는 것이 진학 지도의 강력한 출발점이 됩니다. 학생부를 통해서 대학이 요구하는 우수함을 전략적으로 보여주는 것과 지향점을 선명하게 부각시키는 일이 무엇보다 중요하다고 말할 수 있습니다. 진학 지도를 하면서 가장 중요하게 생각하는 것은 모든 학생이 나름의 역량을 가지고 있다는 점입니다. 그것을 어떻게 찾고, 강화시킬 것인가는 여전히 공부의 대상이지만 말입니다.

PART 02

입시 준비,
전략이 실패를 좌우한다!

▼

학부모를 위한 입시 정보와 상담의 모든 것

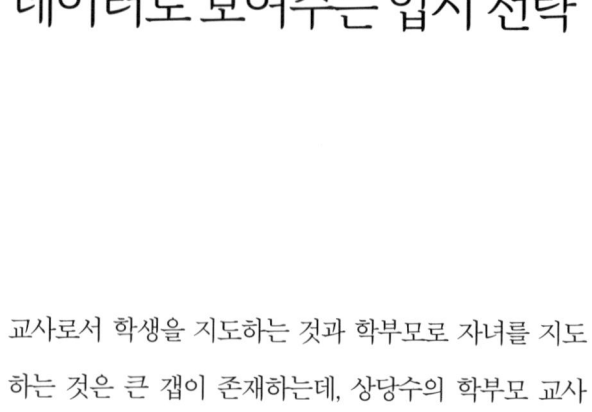

CHAPTER 01

수능 VS 학종
어디로 가야할까?
데이터로 보여주는 입시 전략

교사로서 학생을 지도하는 것과 학부모로 자녀를 지도하는 것은 큰 갭이 존재하는데, 상당수의 학부모 교사는 그 갭을 인지하지 못한 상태로 '입시'를 고민하게 되는 것 같습니다. 그러다보니 정확하게 자녀의 상태를 진단하지 못하게 되고, 그 결과 제대로 된 '전략'을 세우기가 힘들어집니다.

학교에서 혹은 여러 경로를 통해 학부모이면서 교사인 분들의 자녀 상담을 진행하게 되는데, 대체로 쉽지 않은 선택을 해야 하는 상황들이 많은 것 같습니다. 제대로 된 전략을 세우기 위해서 가장 필요한 것은 "현실인지"입니다. 현실에 대한 철저한 분석만이 제대로 된 전략을 가능하게 만듭니다. 막연히 잘해낼 것이라는 기대 혹은 의심에서 출발한 관리는 학생이 가진 다양한

가능성을 발휘하지 못하는 이유가 됩니다. 그러니 제대로 현실을 인지하고, 입시 전략을 짜야 합니다. 중학생이라면 이미 시작해야 할 일이죠. 앞서 언급한 바와 같이 중학생이 대학을 진학하는 방법은 크게 3가지이고, 그 중에서 자녀의 역량이 어디에 있는지를 정확하게 파악하기 위해 현실을 분석하는 과정이 필요합니다.

수능 위주의 정시 전략을 고민하는 교사 학부모님들도 많을 것이라 생각합니다. 하지만, 무턱대고 학원을 보내는 것이 성적을 향상시켜줄 것이라는 막연한 기대는 절대 금물입니다. 정확하게는 성적이 오르는 학생은 학원을 가는 것과 상관없이 오릅니다. 매우 당연하게도 학원을 다니는 학생들 중에도 성적이 좋은 학생과 성적이 나쁜 학생이 공존한다는 점을 기억해야 합니다. "그" 학원이 성적을 올리는 것이 아니라, 아이에 맞춘 '정확한 공부 전략'이 성적을 향상시킨다고 할 수 있습니다.

조금 더 솔직한 이야기를 해보자면, 초등학교 학부모들은 대체로 자녀들의 가능성을 염두에 두어 영재, 혹은 천재라고 생각합니다. 그래서 다양한 영재 학원, 영재원, 영재 교육에 관심을 가집니다. 이 환상이 깨어지는 것은 초등학교 4학년 즈음이 됩니다. 갑자기 수학이 어려워지며 아이들도 혼란을 느낍니다. 그래서 부모님들이 수학 학원을 등록하기 시작하는 시점이기도 합니다. 한 달 평균 학원비를 20만 원으로 생각하면, 1년 동안 240만 원의 학원비를 쓰게 됩니다. 지금이 중학교 3학년이라고 한다면 총 6년을 수학 학원을 다녔고, 대략 1,400만 원을 '수학' 학원비로 사용해서 지금의 수학 성적이 만들어진 것입니다. 수치로 보니 정말 놀랍죠?

지금 아이의 수학 성적이 1,400만 원 짜리라고 객관적으로 생각해보면 어떨까요. 그럼에도 불구하고 성적이 오르지도 않고, 때로 떨어지는데도 그냥 학원을 보냅니다. 그것만이 유일한 답이라고 생각하고 언젠가는 오를 것으로 기대하고 놀랍게도 꾸준히 보내는 것이죠. 그 정도의 시간과 돈을 투자해서 원하는 결과가 나오지 않음에도 불구하고 계속 투자를 하는 셈입니다. 무엇인가 이상하다고 생각하지 않으신가요? 고민 없이 무턱대고 투자해서 성공할 것이라는 막연한 기대는 실패하는 투자의 전형입니다. 정말 맞는 길인지, 다른 방법은 없는지, 실제로 자녀에게 어떤 도움이 필요한지를 파악하는 것이 중요합니다.

언론에서, 학원에서 '정시 수능'으로 대학을 가야 한다고 하니, 무작정 투자하는 것은 바람직한 전략으로 보기 어렵습니다. 지금

	2020 수능 국·수·탐 표준점수합	누적비율	백분위 합
서울대	407	0.4%	291.5
고대/연대	401	1.0%	287.3
상위 6대학	392	2.7%	280.6
상위 12대학	386	4.4%	274.5
상위 15대학	380	6.6%	266.8
상위 24대학	373	9.5%	257.6

출처: 베리타스알파 2020.03.19 기사

의 수능 성적은 절대로 막연히 공부해서 성적을 올리고, 그 성적으로 원하는 대학을 갈 수 있는 수준이 아닙니다. 보다 구체적으로 살펴보도록 하겠습니다.

표는 2020학년도 인문계열 학생의 수능 성적을 분석한 표입니다. 수능의 영역은 크게 국어, 수학, 영어, 탐구(사회, 과학)로 구분이 됩니다. 표준점수로 계산을 하면 실제로 학생과 학부모에게 와닿지 않는 부분이 있으니, 수능에서 틀린 개수로 대략 정리를 해보도록 하겠습니다.

계산의 편의를 위해서 영어는 절대평가이니 빼고, 탐구 2과목(사회, 과학 각각)은 만점을 받았다는 전제를 두고, 국어와 수학의 표준점수 합계를 계산하는 방식으로 살펴보겠습니다. 서울대의 수능 표준점수 합격선이 407점입니다. 대략 계산을 하면 국어에서 1문제, 수학에서 2문제를 틀린 수준입니다.

자연 계열을 살펴봐도 비슷한 결과가 나옵니다. 전국 의예과의

	2020 수능 국·수·탐 표준점수합	누적비율	백분위 합
전국 의예과	393	1.9%	287.8
SKY	388	3.6%	282.2
상위 6대학	381	7.0%	273.7
상위 12대학	374	11.3%	263.2
상위 15대학	367	16.3%	252.9
상위 24대학	358	23.6%	237.7

출처: 베리타스알파 2020.03.19 기사

커트라인이 393점 수준이고, 이를 국어와 수학의 오답 개수로 단순하게 치환하면 같은 결과가 나오게 됩니다.

자, 그렇다면 차순위 대학들도 비슷한 방식으로 계산이 가능합니다. 생각보다 상위권 대학을 가는 것이 쉽지 않다는 점이 이제 확 다가오시나요? 수능이 시행된 지 오랜 시간이 지나면서 사고력의 측정보다는 객관식 시험으로서의 기능만 남은 상황입니다. 난이도 조절을 위해 고등학생이 풀기 아주 어려운 문제를 이른바 '킬러 문항'으로 규정하고 있는 말도 안 되는 상황을 만들고 있는 거죠. 한 문제에 대학의 수준이 결정되는 상황들이 나오고 있는 겁니다. 결국 실력보다는 그날의 컨디션과 실수하지 않는 능력을 측정하는 시험이 되어버린 셈입니다. 뒤에서 다시 설명 드리겠지만, 사실 이 문제를 해결하기 위해 도입된 제도가 바로 '학생부 종합 전형'입니다.

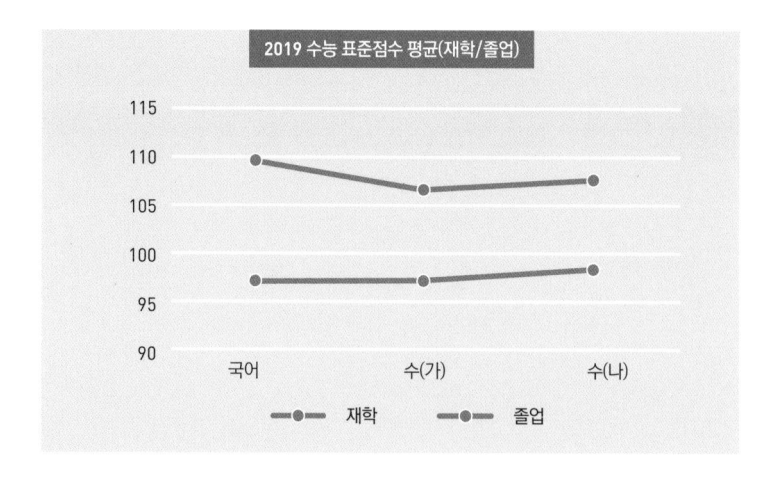

또 다른 측면의 데이터를 하나 더 볼까요?

위의 데이터는 2019학년도 수능을 분석한 표입니다. 2020년도 수능의 분석 결과도 유사한 수준으로 나왔습니다. 분류의 기준을 재학생과 졸업생으로 설정했습니다. 재학생들의 국어와 수학의 평균은 대체로 97점 수준에서 형성되고 있습니다. 반면, 졸업생의 평균은 106점대에 분포가 이루어져 있죠. 조금씩의 차이가 있긴 하지만 재학생과 졸업생의 차이가 대략 9점 정도가 납니다. 국어와 수학 두 과목을 합치면 19점의 차이가 나는 셈이죠. 그럼 앞선 표에 이 점수를 대입해볼까요? 단순하게 그리고 조금 더 극단적으로 말하면 졸업생은 388점이 커트라인인 SKY 성적이 나올 때 재학생은 표준점수 19점 차이가 나는 지점은 대략 상위 15개 대학 정도를 지원하게 된다는 의미입니다. 수능이 재학생이 아닌 N수생에게 상대적으로 유리한 시험이라는 점을 알 수 있는 지점이죠. 이 부분이 우리가 중학생인 자녀의 입시 전략을 설계할 때 고려해야 할 부분이 됩니다.

그럼, 또 다른 자료를 보도록 하겠습니다.

이 자료는 2019학년도 수능 성적을 재학생과 졸업생으로 구분한 자료이고, 그 중에서 수(가)형의 자료를 등급별 비율로 표시한 자료입니다. **실제 등급별 비율을 보면 확실히 상위 등급에서 졸업생의 강세가 선명하게 보이시죠?** 중·하위 등급으로 갈수록 재수생의 비율이 줄어드는 이유는 다양하게 분석이 가능하겠지만, 가장 강력한 이유 중의 하나는 N수를 하기 위한 비용이 만만치 않기 때문입니다. 결국 N수도 경제력이 뒷받침이 되어야 가능하다는 점을 추론할 수 있고, 성적 양극화의 또 다른 이유도 설명 가능해집니다. 수(가)형에서 1등급 비율은 졸업생이 재학생에 비해 거의 2배 이상의 비율을 보이고 있습니다. 이공 계열의 상위권들이 대부분 의과대학 진학을 목표로 하고 있다는 점을 고려하면 어느 정도 설명이 가능한 부분이기도 합니다.

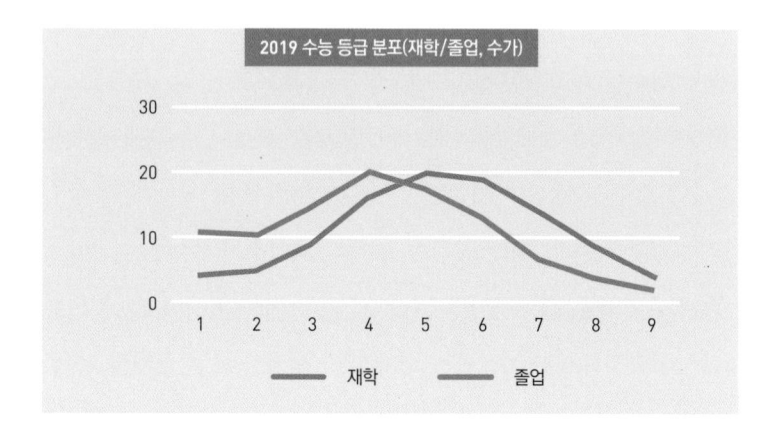

그럼, 또 다른 그래프를 통해서 정시 전형을 다른 측면에서 조명해보도록 하겠습니다.

그래프는 2019학년도 수능 성적을 소재지별 평균을 측정해본 자료입니다. 대도시의 평균이 가장 높다는 점, 그리고 읍면 지역이 상대적으로 낮다는 점을 통해서 정시 수능 위주의 전형이 '공정함'이라는 측면에서 허점이 많다는 점을 알 수 있습니다. 우리 자녀들

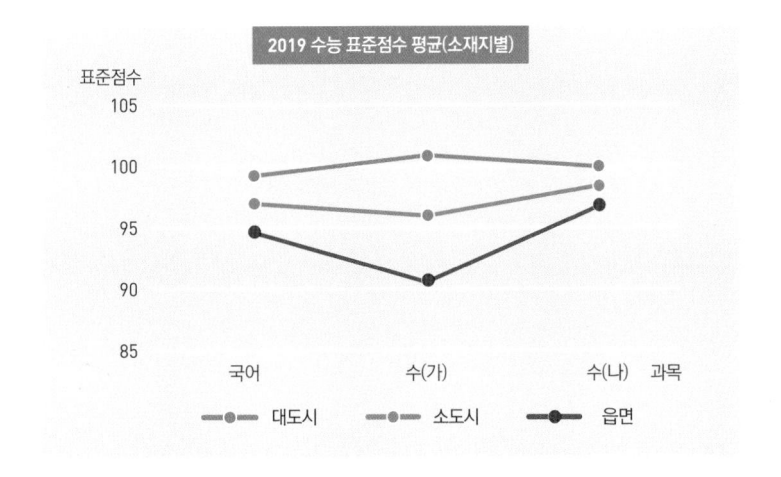

2019 수능 표준점수 평균(소재지별)

표준점수

국어　　　수(가)　　　수(나)　과목

━●━ 대도시　　━●━ 소도시　　━●━ 읍면

이 준비해야 하는 수능 시험이 실제로 이런 상태라는 점을 고려해야합니다. 지역별로, 소재지별로 수능 성적의 차이가 존재한다는 점은 전략을 세울 때에 중요한 요소 중의 하나가 될 것입니다.

　아래의 자료는 이른바 SKY 대학의 정시 수능 위주 전형을 기준으로 졸업생의 합격 비율을 보여주는 자료입니다. 정시 전형에서 N수생의 비율인데, 이 자료를 제대로 이해하기 위해서는 몇 가지의 사실들을 생각하고 봐야 합니다.

　전국 4년제 대학을 기준으로 재수생의 비율은 10% 수준입니다. 그런데, 서울 소재 대학을 기준으로는 재수생의 비율은 30% 수준입니다. 반면, SKY 정시 전형에서 졸업생의 비율은 그래프에서 보는 바와 같습니다. 전체적으로 N수생의 증가 추세는 확실하게 보이시죠? 당연히 앞으로도 이런 추세는 지속될 것입니다. 2018학

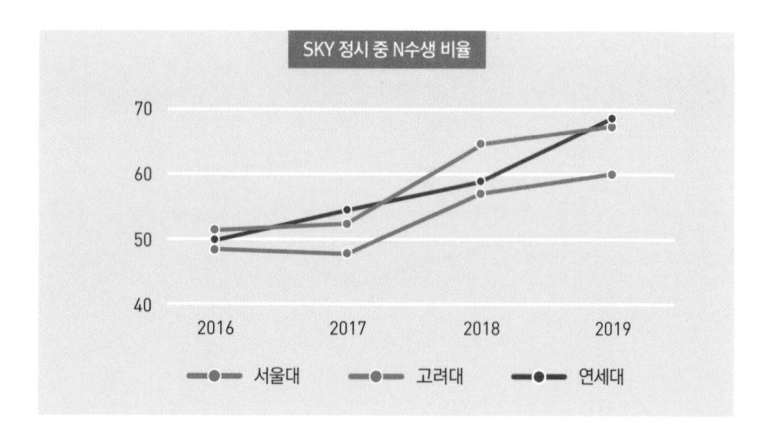

SKY 정시 중 N수생 비율

년도 수능을 기점으로 재수생의 비율이 재학생을 뛰어넘기 시작했고, 그 추세는 지속되고 있습니다. 2020학년도 수능을 기준으로 볼 때 10명 중 6명 이상이 N수생인 셈이죠. 연세대와 고려대는 조금 더 그런 추세가 강하다는 점은 충분히 알 수 있는 자료입니다. 결국 전체적으로 비율을 생각할 때, 상위권 대학으로 갈수록 졸업생의 비율이 높아지고 있다는 점을 알 수 있습니다. 흔히 학원가에서 유행하는 말처럼 '재수는 필수, 삼수는 선택'인 상황이 만들어지고 있는 것이죠. **'재수 권하는 사회'에서 내 자녀의 입시 전략을 어떻게 짤 것인가는 매우 중요할 수밖에 없습니다.**

정시가 다소 확대되면 이러한 현상은 더 강화될 것입니다. 'SKY 캐슬'과 같은 드라마가 빅히트를 치는 사회에서 '보다 나은 대학', '보다 나은 간판'을 위해 재수, 삼수를 선택하는 것은 너무나 당연한 현상이 되었지만, 그 비용을 감당하기 어려운 계층에게는 또 다른 고통이 될 뿐입니다. 2024학년도 이후의 입시에서는 상위권 대학, 특히 의대와 약대에 대한 선호가 높게 나타날 것으로 예상되기 때문에, 의대와 약대 진학을 위한 재수와 삼수의 비율도 늘어날 것으로 생각됩니다. 결국, "재수 권하는 사회"가 새로운 빈부격차의 신호탄이 되는 모양새입니다. 개천에서 용이 태어날 수 있는 역할을 담당했던 교육이 슬프게도 빈부격차를 강화하는 수단이 되어가고 있는 셈입니다.

정시전형의 상황이 이러한데 '수시'로 갈 수 있는 기회를 버리고, 오로지 '정시'를 선택하는 것은 바람직한 전략으로 보기 어렵습니다. 입시를 위한 수시 6번의 기회와 정시 3번의 기회를 완벽하게 활용하는 것이 가장 확실한 전략이 될 것이라 생각합니다.

이번에는 전혀 다른 데이터입니다. 정부의 대학 정시 확대 발표에도 불구하고 개별 대학이 여전히 학종에 대한 미련을 버리지 못하는 것으로 보이는 이유에 대한 고민을 분석하는 자료입니다.

앞서 살펴본 서울대 '교과 평가'가 가장 대표적이고, 고려대의 학교 추천 전형도 유사한 성격을 보입니다. 왜 상위권 대학은 학종에 대한 미련을 버리지 못하는 모습을 보일까요? 대학의 목표가 무엇인지를 생각해보면 간단합니다. 대학이 '우수한 학생'을 선발하는 것을 목표로 한다고 했으니 전형을 유지하는 것의 목적도 우수한 학생의 선발에 있습니다.

[상위 10개 사립대]
학종 학점최고.. '최선의 선발'

교과 3.37점, 학종 3.33점, 논술 3.24점, 수능 3.17점, 특기자 3.16점 순

학생부종합(학종)이 최선의 선발방식임이 또 다시 입증됐다. 고려대 연세대 서강대 성균관대 한양대 중앙대 경희대 한국외대 숙명여대 서울여대 10개 대학의 전형별 입학생 6만 5376명의 성적을 살펴본 결과, 2016학년의 경우 학종이 9개 대학에서 전형별 성취도 1위를 차지했다. 특히 학종은 2015학년 전형별 성취도 1위 대학 4개에서 2016학년 1위 대학 9개로 올라선 것이어서 서울대에 이어 상위대학에서도 학종 확대에 따른 변화가 가속화하고 있는 것으로 보인다.

2016학년 입학생 중 고려대 연세대 서강대 성균관대 한양대 경희대 한국외대 숙명여대 서울여대 9개 대학의 학종 입학생 성적이 가장 높게 나타났다. 중앙대는 학생부교과전형(교과) 입학생의 학업성취도가 가장 높았으며, 이어 학종 입학생의 학업성취도가 높았다. 2015학년의 경우 10개 대학 중 서강대 성균관대 경희대 서울여대 4개 대학에서 학종 입학생의 성적이 가장 높았다.

출처: 베리타스알파 / 김유진 기자

위 기사에 따른 세부적인 분석을 해보면, 10개 대학 중 9개 대학에서 학생부 종합 전형으로 선발한 학생의 GPA[3]가 가장 높게 형성됨을 알 수 있습니다. 학생부 종합 전형으로 선발한 학생이 정시 수능 위주 전형으로 선발한 학생보다 학업 성취도가 높게 나타나는 우수함을 보이는 것이죠. 더불어 학생부 종합 전형으로 선발한 학생의 경우에는 '중도탈락률'도 낮게 나타납니다. 대학에 대한 충성도가 높다는 것이니, 대학의 입장에서는 최고의 선택이 될 수밖에 없는 것입니다. 그럼, 또 다른 자료를 통해 학생부 종합 전형에 대한 이야기를 이어가보겠습니다.

2020.00.00

DAILY NEWS

서울대 수시 합격생 스펙 보니
상장 108개, 봉사활동 489시간

학종에 대한 불신과 맞물리면서 한때 이슈가 되었던 기사 제목 중 하나입니다. 학생부 종합 전형을 지원하기 위해서는 상장 100개 이상 받아야 하고, 봉사활동이 400시간을 넘어야 한다는 이야기

---

3 GPA: 학부 성적(대학 4년간의 평균 평점)

등으로 와전되면서 학생부 종합 전형에 대한 신뢰를 무너뜨린 대표적인 기사이기도 하죠. 문제는 이런 종류의 데이터, 기사 등이 우리의 시야를 가리게 된다는 점입니다. 이 기사를 조금 더 명확하게 분석해보도록 하겠습니다. 신문 기사를 있는 그대로 받아들이는 것이 입시에서 얼마나 위험하고 의미 없는 일인지를 보여드리겠습니다.

서울대에서 수시 학생부 종합 전형으로 선발되는 인원은 대략 2,400명 정도입니다. 첫 번째 질문 들어갑니다. 서울대 수시 합격생 중에 상장이 100개가 넘는 학생은 과연 몇 명이나 될까요? 2,400명 모두 일까요? 당연히 아닙니다. 이 기사가 나던 해의 합격생 중에 수상이 100개가 넘은 학생은 단 2명이었습니다. 단 2명을 가지고 저 '제목'이 등장한 것입니다. 그리고 저 제목을 보고 상당수의 학생, 학부모, 교사들이 학생부 종합 전형은 '금수저' 전형이라고 비판을 한 셈입니다. 기본적인 사실 확인조차 하지 않고 기사를 무분별하게 보도한 사례라고 볼 수 있습니다.

봉사활동도 마찬가지입니다. 봉사활동이 400시간이 넘는 학생은 2,400여명의 학생 중 6명이었습니다.

그럼, 여기서 두 번째 질문이 나와야 합니다. 그렇다면 서울대를 수시로 합격한 학생들은 평균은 어느 정도일까? 이성적이고 합리적인 질문이 시작된거죠.

과연 어느 정도 될까요? 책을 읽으면서 추론을 해보도록 하겠습니다. 페이지를 넘기지 말고 평균을 한번 적어보세요. 이런 추론이 필요한 이유는 학생부 종합 전형에 대해서 독자들이 어느 정도 이해하고 있는지를 스스로 진단해보자는 의미가 포함됩니다. 데이터 자체가 중요한 것이 아니라, 그 데이터가 어떤 의미를 가지는 것인지 해석하는 행위가 더 중요합니다. 그 해석은 당연히 어떻게 공부했느냐에 따라 달라집니다. 공부를 한 사람과 공부를 하지 않은 사람이 데이터를 분석하는 결과는 말도 안 되게 차이가 납니다. 그러니 한번 예측해 봅시다.

서울대 수시 합격생의 수상 평균은 30개입니다. 여전히 많다고 생각되시죠? 단순하게 정리해봅시다. 학생부 종합 전형은 5개 학기를 포함합니다. 즉, 30개의 수상을 가진 학생의 학기당 수상은 6개라는 의미입니다. 이제 이 수치가 크게 의미 없다는 점이 이해되시나요? 서울대학교는 국내 각 고교에서 최고의 학생들이 지원하는 대학입니다. 학기당 6개의 수상이 어려울까요? 당연히 아닙니다. 교과 우수상, 모범상, 봉사상, 각종 경시대회 등을 고려하면 오히려 학기당 6개의 수상은 적은 편입니다.

그런데, 합격생의 평균은 30개입니다. 여기서 한걸음 더 나간다면 이런 질문도 가능합니다. 상장을 100개 받은 학생도 합격했는데, 평균은 30개입니다. 그렇다면 상장을 적게 받은 학생들이 더 많다는 점을 이해하실 수 있겠죠? 수상 100개 이상을 받은 학생도 합격이지만, 30개 이하로 받은 많은 학생도 합격합니다. 즉, 수상 개수가 합격을 좌우하지 않는다는 점을 알 수 있죠. 분석해보고 해석해보면 대단히 단순하게 확인할 수 있는 사실에 불과합니다. 상장 108개로 공포를 가질 이유가 없습니다.

봉사활동도 마찬가지입니다. 400시간이 넘는 학생들은 대체로 특정한 '봉사의 사연'을 가진 학생인 경우들이 많습니다. 예를 들어, 국립 소록도 병원에서 매 방학마다 4박 5일 동안 봉사활동을 하는 학생들을 소개할 수 있습니다. 진정한 봉사활동을 통해 봉사의 참 의미를 알아가는 훌륭한 학생들이죠. 물론 그렇지 못한 봉사활동의 시간들도 분명히 있습니다. 하지만, 입학사정관들이 크게 의미 없는 봉사활동을 한 학생들을 매우 '긍정적'으로 평가할 이유가 있을까요? 입학사정관들은 실제 봉사활동이 어떻게 이루어지는지 정확하게 알고 있습니다. 다시 본론으로 돌아가서, 합격생들의 봉사활동 평균 시간은 139시간입니다. 3학년 1학기에는 대체로 봉사활동이 최소화된다는 점을 감안하면 4학기 동안 대체로 30시간 정도의 봉사활동 시간이 됩니다. 개인적인 봉사 활동으로 결코 많은 시간이 아닙니다. 결국 앞에서 살펴본 기사는 기사의 제목과는 상관없이 서울대가 평균을 살펴보면 합격한 학생들이 학교생활을 대체로 충실하게 하고 있다는 점을 반증하고 있는 셈입니다.

학생부 종합 전형을 평가하는 입장에서 생각해보죠. 입학사정관과 위촉 입학사정관인 교수들이 상장의 개수가 많은 학생은 우수하고, 상장을 덜 받은 학생은 우수하지 않다고 평가할까요? 단순히 봉사 활동이 시간이 많은 학생이 우수하다고 평가할 이유는 어디에도 없습니다. 당연히 활동을 숫자로 평가해서 중요성을 따지지 않습니다.

대체로 2024학년도 대학 입시부터 수상과 봉사 실적 등이 반영되지 않는다는 점에도 불구하고 이 내용을 깊게 설명한 이유는 대학의 입장에서는 어떤 경우에도 우수한 학생을 선발하려는 의도가 선명하다는 점을 보여주기 위해서입니다. 이에 대한 자세한 내용은 학생부 종합 전형을 설명하는 과정에서 더 깊게 다뤄질 것입니다.

여러 데이터들을 통해 수능 위주의 정시 전형과 학생부 종합 전형을 비교해봤습니다. 이런저런 생각들이 더 많아지셨으리라 생각됩니다. 그러나 하나씩 차근차근 해결하기 위해서는 조금 더 깊게 공부하고 알아야할 필요가 있습니다.

CHAPTER 02

이것만 기억하자,
정시전형의 모든 것

정시 전형의 핵심은 학생들의 객관식 역량을 측정하는 것입니다. 같은 날, 비슷한 장소에서, 같은 시험지를 가지고, 49만 명의 수험생들이 자신의 능력을 검증받는 시험인 셈이죠. 모든 지식은 계량화의 과정을 거쳐서 5지선다형에 갇히게 됩니다. 정시 전형을 준비하기 위해서는 특별한 준비 보다는 '교과 공부를 열심히' 하는 과정이 무엇보다 중요합니다. 수능 위주의 전형은 대부분 '수능 성적'을 토대로 계산해서 등수를 부여하기 때문입니다. 앞서 살펴본 바와 같이 서울대가 2023학년도 입시부터 정시 수능 위주 전형에 '교과 평가'를 도입하는 것에서부터 출발해서 여타의 대학들이 비슷한 형태를 도입할 것으로 예측이 되긴 하지만, 그럼에도 수능 위주 전형에서 수능의 중요성은 이루 말할 수 없습

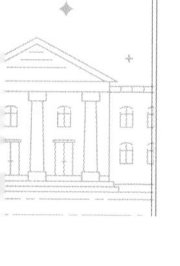

니다.

여기서 잠깐, 그럼 '열심'의 기준은 어떻게 될까요? 당연히 학생마다 차이가 나고, 상황이나 여건에 따라서 많은 차이가 나겠지만, 어느 정도의 기준이 필요한 것은 사실입니다. 저자는 대체로 이 기준을 정시를 주력 전형으로 생각하는 재수생들에게서 찾는 편입니다. 즉, 재학생들이 정시 수능 준비를 주력 전형으로 생각하고 준비하기 위해서는 최소한 재수생들에게 학습량이 밀려서는 안 된다고 말해줍니다. 하지만, 문제는 있죠. 재수생들은 이미 한번 걸었던 길을 다시 걷는 것이고, 실패했던 것을 되새김질하는 과정입니다. 그러니 이미 학습량이 재학생들보다 앞설 수밖에 없습니다. 그래서 재학생들이 정시 전형을 준비할 때는 더 많은 공부를 하겠다는 생각과 실천이 있어야만 합니다. 그런데 여기서 문제는 재학생들이 학교생활을 해야 한다는 점입니다. 중간고사와 기말고사라는 내신 시험이 있고, 다양한 학교 행사가 있고, 어울려 놀 수 있는 친구가 있고, 수능에서 치지 않는 과목들도 배워야 하는 등의 상당한 제약이 있습니다. 그러니 공부하는 절대적인 시간의 양은 재수생을 이길 수 없습니다. 그렇다면 '공부의 질'을 올리는 것이 최고의 방법이 될 것입니다. 집중도를 높이는 것이죠.

그런데 여기서도 심각한 문제들이 생깁니다. 집중도를 높이기 위해서는 학생의 목표 의식과 자기 주도성이 중요한데, 그런 학생들이 그리 많지 않다는 것이 함정입니다. 목표가 없으니, 집중이 안

되고, 집중을 못하니 목표를 가질 수 없는 답도 없는 악순환이 등장하게 됩니다.

정시 전형을 준비한다는 것은 객관식 시험이라는 점에서 보면 학생부 교과 전형과 유사한 면이 있습니다. 상당수의 고교들이 내신 시험을 수능형으로 출제하기 위해 노력하고 있고, 이 부분은 상당 부분 진척이 이뤄지고 있는 것도 사실입니다. 하지만, 문제는 '문항의 질적인 측면'에서 발생합니다. 개별 고등학교에서 출제한 내신 문항과 수능 문항이 유사하기에는 어려움이 당연히 존재합니다. 우스갯소리로 하는 말이지만, 실제 어느 정도 타당성이 있는 말이 수능 한 문제당 경비가 '1,000만 원'이라는 말입니다. 수능을 진행하기 위한 부대비용들을 계산하면, 한 문제당 드는 비용이 유사하게 나오기 때문이죠. 결국 많은 사람들이, 오랜 시간동안 만든 문제와 내신 문제를 비교하기 어려운 것이 사실입니다. **그러니 결국 내신 시험에서 좋은 성적을 받는 것과 수능에서 좋은 성적을 받는 것은 일치하지 않을 수도 있는 것입니다.**

정시 전형을 40% 이상 유지하도록 선정된 16개 대학(2021학년도 대입계획에서 학생부 종합 전형과 논술 위주 전형을 합산한 비율이 45% 이상인 대학 - 건국대, 경희대, 고려대, 광운대, 동국대, 서강대, 서울시립대, 서울대, 서울여대, 성균관대, 숙명여대, 숭실대, 연세대, 중앙대, 한국외대, 한양대)을 위시로 하여 서울 상위권 대학들이 정시 비율을 40% 수준으로 유지하는 상황을 놓고 본다면 당연히 정시 준비를 소홀히 할 수 없는 것이 현실입니다. 그렇다면 정시 전형에 대한 분석을 통해 실제 어떤 식으로 평가가 이뤄지는지를 간략히 살펴보겠습니다. 연세대학교의 정시 전형을 먼저 보겠습니다.

계열	필수 응시영역	비고
인문, 사회, 국제, 체능	국어, 수학, 영어, 사회탐구 또는 과학탐구, 한국사	• 수학: 공통+선택(확률과 통계, 미적분, 기하 중 택 1) • 사회탐구/과학탐구: 자유선택 두 과목 – 과학탐구 두 과목을 선택할 경우 물리학, 화학, 생명과학, 지구과학 중 서로 다른 두 과목 선택(Ⅰ·Ⅱ 구분 없음)
자연 (의예/치의예/ 약학 포함)	국어, 수학, 영어, 과학탐구, 한국사	• 수학: 공통+선택(미적분, 기하 중 택1) • 과학탐구: 물리학, 화학, 생명과학, 지구과학 중 서로 다른 두 과목 선택(Ⅰ·Ⅱ 구분 없음)
예능	없음	• 필수응시 영역은 없으나, 국어, 영어, 한국사 성적은 전형총점에 반영함

일단 인문, 사회, 국제, 체능 계열에서는 필수 응시 영역으로 국어, 수학, 영어, 사회탐구 또는 과학 탐구, 한국사를 제시하고 있습니다. 수학은 수학1, 수학2의 공통 과목을 제외하면 확률과 통계, 미적분, 기하 중에서 1과목을 택하도록 되어 있습니다. (수능에서는 공통과목에서 75%, 선택과목에서 25%의 비율로 출제가 됩니다.) 반면, 자연계열에서의 수학은 선택과목이 미적분과 기하 중에서만 택하도록 되어 있습니다. 즉, 확률과 통계를 선택한 학생은 배제하는 것입니다. 2015개정교육과정의 취지를 정면으로 거부하는 모양새인 셈이죠. 정부에서는 인문 계열과 이공계열의 구분 없이 문·이과 융

합 교육이라는 취지로 이야기를 했지만, 거의 대부분의 상위권 대학에서는 '과목 지정'이라는 형태로 이를 거부했습니다. 실질적으로는 인문 계열과 이공계열을 구분해서 선발하는 셈입니다. 이 부분은 연세대 정시에서만 나타나는 특징은 아닙니다. 서울 상위 15개 대학을 중심으로 이 부분을 조금 더 살펴보도록 하겠습니다.

	영역	지정 여부	대학명
인문 계열	국어	화법과 작문, 언어와 매체 중 택1	경희대, 고려대(서울), 건국대, 동국대, 서강대, 서울대, 서울시립대, 성균관대, 숙명여대, 연세대(서울), 이화여대, 중앙대, 한국외대, 한양대, 홍익대
	수학	확률과 통계, 미적분, 기하 중 택1	
	탐구	사회, 과학 구분 없이 택2	
자연 계열	국어	화법과 작문, 언어와 매체 중 택1	경희대, 고려대(서울), 건국대, 동국대, 서강대, 서울대, 서울시립대, 성균관대, 숙명여대, 연세대(서울), 이화여대, 중앙대, 한국외대, 한양대, 홍익대
	수학	확률과 통계, 미적분, 기하 중 택1	고려대(간호대, 컴퓨터, 자유전공), 동국대(바이오시스템대학), 숙명여대(통계, 의류), 한국외대
		미적분, 기하 중 택1	경희대, 고려대(서울), 건국대, 동국대, 서강대, 서울대, 서울시립대, 성균관대, 숙명여대, 연세대(서울), 이화여대, 중앙대, 한양대, 홍익대
	탐구	사회, 과학 구분 없이 택2	고려대(간호대, 컴퓨터, 자유전공), 숙명여대(통계, 의류), 한국외대
		과학 중 택2	경희대, 고려대(서울), 건국대, 동국대, 서강대, 서울대, 서울시립대, 성균관대, 숙명여대, 연세대(서울), 이화여대, 중앙대, 한양대, 홍익대

역시나 인문계열에서는 선택에 대해 크게 의미 있는 제한이 없습니다. 반면, 자연계열에서는 선택과목을 지정하는 경우가 많다는 점을 확인할 수 있습니다. 자연계열의 대부분 주요 대학들은 미적분과 기하 중에서 1과목을 선택하도록 지정하고 있고, 과학탐구 중 두 과목을 선택하도록 지정하고 있습니다.

왜 이렇게 하려는 것인지는 이제 이해가 되시나요? 결국 우수한 학생을 선발하는 것이 목표이기 때문에 상대적으로 '어려운' 과목을 선택하고, 그 속에서 우수함을 증명하도록 하는 셈입니다. 주요 상위권 대학이 특정 전형을 설계할 때 가장 중요하게 고려하는 내용이 바로 학생의 우수함인데, 그 중에서도 수능 위주의 정시 전형에서는 대학이 요구하는 수준의 과목 성적을 주요 포인트로 본다는 점을 알 수 있습니다.

다시 연세대학교 이야기로 돌아가서 살펴보겠습니다. 표에서 보는 것과 같이 한국사를 포함해서 총점 1,010점이 만점입니다. 점수를 계산하기 위해서 대학은 매우 복잡한 대학별 계산 방식이 존재합니다. 그래서 정시 지원을 할 때는 각 대학이 반영하는 방식을 이해해야 자신에게 유리한 대학, 자신에게 유리한 학과를 선택할 수 있습니다.

연세대의 경우는 국어 200점, 수학(인문 200, 자연 300), 영어 100점, 탐구(사회탐구 100, 과학탐구 300)를 기본으로 해서 대학별 계산

계열/모집단위	구분	대학수학능력시험		운동실기		음악 실기	면접	총점
		한국사	한국사 이외과목	기본 운동능력	선택 실기능력			
인문, 사회, 자연(의예 제외)	일괄 합산	10	1,000	–	–	–	–	1,010
체육교육학과		10	850	100	–	–	50	1,010
스포츠응용 산업학과		10	850	–	150	–	–	1,010
예능계열	단계전형/ 일괄합산	10	300	–	–	700	–	1,010
자연(의예), 국제	단계전형	10	900	–	–	–	100	1,010

식을 활용합니다. 특히, 연세대의 경우에는 절대평가인 영어 반영
방식을 이해하는 것도 정시에서 매우 중요합니다.

영어등급	1등급	2등급	3등급	4등급	5등급	6등급	7등급	8등급	9등급
반영점수	100	95	87.5	75	60	40	25	12.5	5

　등급 간의 점수 차이가 상대적으로 크기 때문에 영어 성적이 정
시에 미치는 영향력이 매우 크게 나타납니다. 반면, 한국사의 영향
력은 크지 않다는 점은 표를 통해 확인할 수 있습니다.

　문제는 개별 학생, 학부모가 모든 것을 다 알고 계산을 해야 하
는데, 현실적으로는 '불가능'에 가깝다는 것입니다. 당연히 이 방법
을 추천하지도 않습니다. 바야흐로 자본주의 사회인지라, 대표적
인 원서 접수 사이트에서는 일정한 금액을 결제하면 자동으로 분

계열\한국사 등급	1등급	2등급	3등급	4등급	5등급	6등급	7등급	8등급	9등급
인문, 사회, 국제, 자연	10	10	10	10	9.8	9.6	9.4	9.2	9.0
예체능	10	10	10	10	10	9.8	9.6	9.4	9.0

석해주는 시스템을 가지고 있습니다. 거의 대부분의 지원자들이 실제 이 시스템을 활용하는 편이기 때문에 일정 수준의 빅데이터가 축적되었고, 실제 지원 양상까지도 확인할 수 있어서 정확도 등은 갈수록 향상되고 있습니다.

사실, 엄청 복잡한 이야기인 것 같지만, 복잡한 계산식을 개인이 일일이 확인하고 계산해야 할 일은 없습니다. 결국, 정시는 '계량화된' 성적으로 지원을 하는 전형이기 때문에 수능 성적이 가장 큰 영향력을 미친다는 점을 이해하기만 하면 됩니다. 다만, 서울대의 발표 이후에 대학들의 움직임이 다소 변화할 수는 있지만, 앞서 언급한 것과 같이 서울대조차도 1단계의 기준이 수능 성적이었다는 점을 감안하면 수능 위주의 정시 전형에서 수능 성적이 차지하는 위력을 다시 한 번 체감할 수 있을 것으로 생각합니다.

정시 전형을 고민하고 있는 모든 학생들에게 꼭 들려주고 싶은 이야기는 전국 단위의 시험에서 자신의 역량을 증명해야 하는 만큼 수능 시험에 대한 집중도가 매우 높아야 한다는 점입니다. 이를 위해서는 전형 자체에 대한 이해가 중요하다기 보다는 수능 시험이 중요하다는 점을 다시 한 번 상기해야 합니다.

전국으로 강연을 다니면서 느끼는 점은 지방의 일반고에서는 생각보다 수능 성적이 높게 형성되지 못한다는 것이었습니다. 정시 위주 전형에서 강세를 보이는 특정 지역, 그리고 특정 계층이 선명하다는 점은 정시 확대와 맞물리면서 우리가 고민해야 할 지점이기도 합니다.

부모님들의 세대에서 수학능력시험 혹은 학력고사는 신분 상승의 사다리라는 역할을 충분히 한 것이 사실이지만, 자녀 세대에서 정시 수능 위주의 전형은 그런 사다리 역할이 매우 크게 약화되었고 이미 부인하기 어려운 사실이 되어버렸습니다. 그래서 더 많이 입시를 공부하고 고민해야 합니다.

CHAPTER 03

이것만 기억하자, 학생부교과전형의 모든 것

학생부 교과 전형은 매우 단순한 전형이긴 하지만, 여러 가지 할 말이 많습니다. 일단 기본적인 내용을 이해해보도록 하겠습니다. 학생부 교과 전형의 가장 큰 기본 전제는 "전국의 모든 고등학교의 내신 성적이 동일한 우수함을 보여준다"입니다. 즉, 어떤 지역이든, 어떤 고교든 1등급은 동일하게 우수하다는 말입니다. 쉽게 말하자면 과학고의 1등급과 일반계 고등학교의 1등급이 동일하다는 전제에서 출발하는 전형이 바로 학생부 교과 전형입니다.

조금 이상함이 느껴지는 부분이 있죠? 개별 고교는 9등급의 내신 등급제를 운영하고 있습니다. 상대평가죠. 상대평가로 부여되는 내신을 절대평가로 활용하는 것이 바로 학생부 교과 전형입니다. 그러다보니 상위권

대학의 학생부 교과 전형에는 이런저런 대학이 부여합니다. 단순하게는 학생부 교과 성적, 이른바 내신 성적을 100%로 선발합니다. 하지만, 여러 장치들을 마련합니다. 단계를 구분해서 선발하는 단계형 전형을 적용하고, 1단계는 내신 성적으로, 2단계는 내신 성적과 면접으로 선발하기도 합니다. 대학에 따라서는 비교과의 영역인 출결과 봉사활동을 정량적으로 평가하기도 하고, 수능 최저학력기준을 설정하기도 합니다. 결국, 여러 가지 장치를 통해서 내신 성적이 가지는 상대평가의 한계를 극복하려는 것입니다.

대입 공정성 강화 방안이 발표된 이후에 학생부 교과 전형은 지역균형 전형의 성격을 가지고 '학교(장) 추천 전형'의 형태로 통합되고 있는 경향이 강하게 나타납니다. 더불어서 나타나는 특징이 학생부 교과 전형에 고려대의 경우처럼 '서류'를 반영하는 대학이 꾸준히 증가하게 될 것이라는 점도 어느 정도 예상을 하고 있어야 합니다. 단순히 고교 내신만으로 선발하는 것이 아니라, 다양한 방면으로 세분화될 가능성이 높아지는 셈입니다. 2024 입시에서도 이런 경향은 더 뚜렷하게 나타날 것입니다.

추천 전형은 대체로 재학 중인 고3 학생의 재적수에 비례해서 추천을 받습니다. 대체로 3%~4% 수준입니다. 그러니 주요 대학의 학생부 교과 전형은 당연히 합격자의 내신 평균이 매우 높게 형성이 됩니다. 흔히 말하는 '극강 내신'이 빛을 발하는 전형이다 보니, 일반고의 극강 내신을 가지고 있는 학생들이 지원하는 대표적인 전형입니다. 최상위권 대학에서 별도의 조건 없이 교과 성적 100% 만으로 선발하는 전형은 중앙대, 한양대 정도입니다.

2022학년도 입시에서 학생부 교과 전형을 신설한 성균관대학교의 전형을 살펴보면서 이야기를 해보도록 하겠습니다. 성균관대학교는 전체 선발 인원 중 학생부 교과 (학교장 추천) 전형으로 10%인 361명을 선발합니다. 전형요소는 학교생활기록부 100% 인데, 반영요소를 좀 유심히 봐야합니다. 공통과목 및 일반선택과목에 대해서는 정량평가로 80%를 적용합니다. 즉, 우리가 일반적으로 생각하는 학생부 교과 전형에서의 고교 내신의 등급을 그대로 반영합니다. 반면, 진로선택과목 및 전문교과과목은 정성평가로 20%를 반영합니다. 정성평가에는 내신 성적 및 세부 능력 특기 사항을 종합적으로 평가하게 되는데, 대학이 제시한 것은 학업 수월성과 학업 충실성을 평가합니다. 이 부분이 다소 중요하게 작용하고, 영향을 미칠 수 있는 것은 '**정성적** 평가'라는 측면입니다. 정량평가의 대표적인 전형인 학생부 교과 전형에 '정성 평가'의 요소를 반영하기 시작한 것입니다. 대체로 이런 경향이 보다 확산될 가능성이 높다는 점도 주의 깊게 살펴야 합니다.

성균관대학교의 경우에는 여기에 수능 최저 학력 기준을 설정했습니다. 수능 최저 학력 기준을 통해 최소한의 검증된 우수 학생을 선발하겠다는 의지를 보이고 있는 것입니다. 실제 수능 최저 학력 기준을 달성하지 못해서 탈락하는 학생들의 비율이 높은 만큼 학생부 교과 전형을 준비하려는 전략을 세우고 있는 학생들은 반드시 수능 최저 학력 기준을 충족시킬 수 있도록 전략을 세워야 합니다.

인문계	국어, 수학, 사탐/과탐(2개 과목 평균) 중 2개 등급합 5이내 및 영어3등급·한국사4등급 이내
자연계	국어, 수학, 과탐(2개 과목 평균) 중 2개 등급합 5이내 및 영어3등급·한국사4등급 이내

더불어 2024학년도 입시에서는 학생부 교과 전형의 성격이 이전과는 조금 다른 형태로 진행된다는 점을 확실히 이해해야 합니다. 2024년의 경우, 2022학년도 입시의 형태에서 조금 더 변형된 학생부 교과 전형이 될 가능성이 높습니다. 이 점을 고려해서 내신 관리와 비교과 관리, 특히 그중에서도 '선택 과목'과 관련된 준비를 철저히 할 필요가 있습니다.

하지만, 여러 상황에도 불구하고 학생부 교과 전형은 내신 성적을 가장 기본 베이스로 하는 전형이기 때문에 극강의 내신을 만들기 위한 전략이 최우선이긴 합니다. 학생부 교과 전형을 운영하는 주요 대학의 합격생 평균을 보면 정말 극강 내신이라는 말이 저절로 나오게 됩니다.

대학	전형명	수능 최저 유무	내신 등급		
			학과 평균	최고학과	최저학과
고려대	학교추천 I	O	1.3	1.1	1.5
한양대	학생부교과	X	1.3	1.1	1.8
중앙대	학교장추천	X	1.4	1.2	1.5
	학생부교과	O	1.5	1.2	2.1
서울시립대	학생부교과	O	1.7	1.4	1.9
홍익대	교과우수자	O	2	1.8	2.3
숙명여대	학생부교과	O	1.9	1.5	2.2
국민대	교과성적우수자	O	2	1.7	2.3
숭실대	학생부우수자	O	2.2	2	2.7
단국대	학생부교과우수자	O	2.3	2	2.7
아주대	학업우수자	X	2.1	1.5	2.5
인하대	학생부교과	O	2.4	1.7	3

여기서 한 가지 정리하고 넘어가야 할 부분이 있습니다. 입시는 전략이 매우 중요하죠. 그 전략의 첫 번째가 '목표 대학'을 설정하는 것입니다. 여기서 가장 큰 흐름이 바뀌게 됩니다. 서울 상위 대학을 목표로 하는 학생과 지방 거점 국립대를 목표로 하는 학생은 가야 할 길이 많이 다릅니다. 학생부 교과 전형만 하더라도 지방 거점 국립대의 경우에는 학생부 교과 전형의 입시 결과가 서울

의 주요 대학의 학생부 교과 전형의 입시 결과에 비해 낮게 형성됩니다. 대체로 3등급 정도의 수준에서 형성된다고 생각하면 됩니다. 즉, 목표 대학에 따라서 준비해야 할 것이 많이 다르다는 점을 알 수 있습니다.

그러니 무턱대고 "내신 공부를 열심히, 수능 준비 철저히"를 외치기에는 현재의 입시 상황이 그리 녹록치 않습니다. 특히, 지방 거점 국립대에 대한 선호보다 서울 주요 대학에 대한 선호가 갈수록 높아지는 시점에서 학생부 교과 전형을 고민하고 있다면, 목표로 하는 대학이 어떤 방식으로 학생을 선발하는지를 정확하게 이해하는 것이 합격의 첫걸음이 될 것입니다.

물론 우리가 흔히 말하는 완벽한 학생, 즉 극강의 내신과 화려한 비교과, 그리고 우수한 수능 성적을 갖출 수 있다면 최선이겠지만, 현실적으로는 어려움이 분명히 존재합니다. 이 점을 고려해서 자신의 상황에 적합한 전형을 적극적으로 준비해 주세요. 학생부 교과 전형에 특화된 학생은 내신 성적과 내신 시험에 강점이 있는 학생임이 분명합니다. 때로 이 역량이 모의고사 혹은 학력평가에서 보여주는 역량과 다소 차이가 날 수 있지만, 분명한 것은 **내신 성적의 우수함이 일정 부분 수긍되는 우수함**이라는 사실입니다.

이것만 기억하자,
학생부종합전형의 모든 것

2024학년도 입시에서 학부모와 학생이 대학을 진학할 수 있는 방법은 거의 다음의 3가지가 확정적입니다. 수능 성적 중심의 정시, 내신 성적 중심의 학생부 교과, 그리고 정성적 평가를 표방하는 학생부 종합 전형입니다. 이 3가지의 방법 중에서 자신에게 특화된 방법을 선택하는 것이 중요합니다. 물론 3가지의 방법은 서로 중첩되기도 하지만, 자신의 핵심 역량이 무엇인지를 정하고 준비하는 것이 가장 기본적인 전략이 될 것입니다.

앞의 두 전형은 모두 살펴보았고, 이제 본격적으로 학생부 종합 전형에 대한 모든 것을 살펴보겠습니다. 학생부 종합 전형에 대해서 이야기할 때 가장 먼저 던져야 하는 질문이 있습니다.

'학생부 종합 전형은 시험일까요? 시험이 아닐까요?'

이 질문에 먼저 답을 해봅시다. 시험이다, 아니다. 학생부 종합 전형을 바라보는 여러분들의 생각을 알 수 있는 질문입니다. 전국 강연을 다니면서 이 질문을 하고, 답을 들었습니다. 대체로 '시험이 아니다'라고 대답을 합니다. **하지만 당연하게도 학생부 종합 전형은 '시험'입니다.** 일단 '전형'이라는 단어는 '됨됨이나 재능 따위를 가려 뽑음. 또는 그런 일'을 말합니다. 가려 뽑는 방법으로 학생부를 종합적으로 활용 한다는 것입니다.

그렇다면 해야 할 이야기가 많아집니다. 시험에는 '평가요소'가 존재합니다. 학생부 종합 전형에도 당연히 평가요소가 존재합니다. 사실, 평가요소는 대학마다 다를 수밖에 없습니다. 선발하길 원하는 대학이 원하는 인재가 다른 것이 일반적이지요. 그래서 대학이 제시하는 인재상에 관심을 가지는 것도 중요합니다. 하지만, 학종은 인재상을 평가하는 전형은 아닙니다. 그러니 정확한 "평가요소"에 대한 이해가 필수적입니다.

학종이 시험이라면 반드시 필요한 것이 시험에 대한 이해입니다. 많은 분들에게 이런 질문이 가능하죠.

'학생부 종합 전형에 대해 얼마나 공부하셨습니까?'

아마 많은 분들이 미처 공부를 못하셨을 것이라 생각됩니다. 학생들도 물론 마찬가지입니다. 우리는 흔히 학생부 종합 전형은 금수저 전형이라고 말합니다. 현실은, 당연히 아닙니다. 학생부 종합 전형의 핵심은 많은 활동에 방점이 있는 것이 아니라, 그 활동을 통한 학생의 성장에 포인트가 있습니다. 그 부분을 이해해야 제대로 된 준비가 가능합니다.

예를 들어봅시다. 미적분이라는 과목의 시험을 친다고 할 때, 미적분에 대해서 공부하지 않고서 시험을 잘 치를 수 있는 방법은 없습니다. 학종도 마찬가지입니다. 학종에 대해서 공부를 꼼꼼하게 한다면 좋은 결과를 만들 수 있습니다.

평가요소에 대해서는 다양한 해석이 가능하지만, 입학사정관들이 대체로 동의하는 평가요소가 실제 대학이 중요하게 생각하는 요소일 것입니다. 이를 위해 다소 보편적으로 동의하는 평가요소에 대한 설명을 통해 대학의 '선발 의도'를 이해하면 됩니다.

저자는 서울 사립 6개 대학(건국대, 경희대, 서울여대, 연세대, 중앙대, 한국외대)이 공동으로 연구한 내용을 토대로 하려고 합니다. 모든 대학이 동의하는 것은 아니지만, 강력한 설득력을 가지는 평가요소이긴 합니다. 지방 거점 국립대들도 이 내용을 차용하고 있습니다. 그러니 이 내용을 중심으로 대학의 의도를 이해하면 큰 무리가 없을 것입니다.

개별 대학이 사용하는 평가요소와는 다소 다른 부분이 있지만,

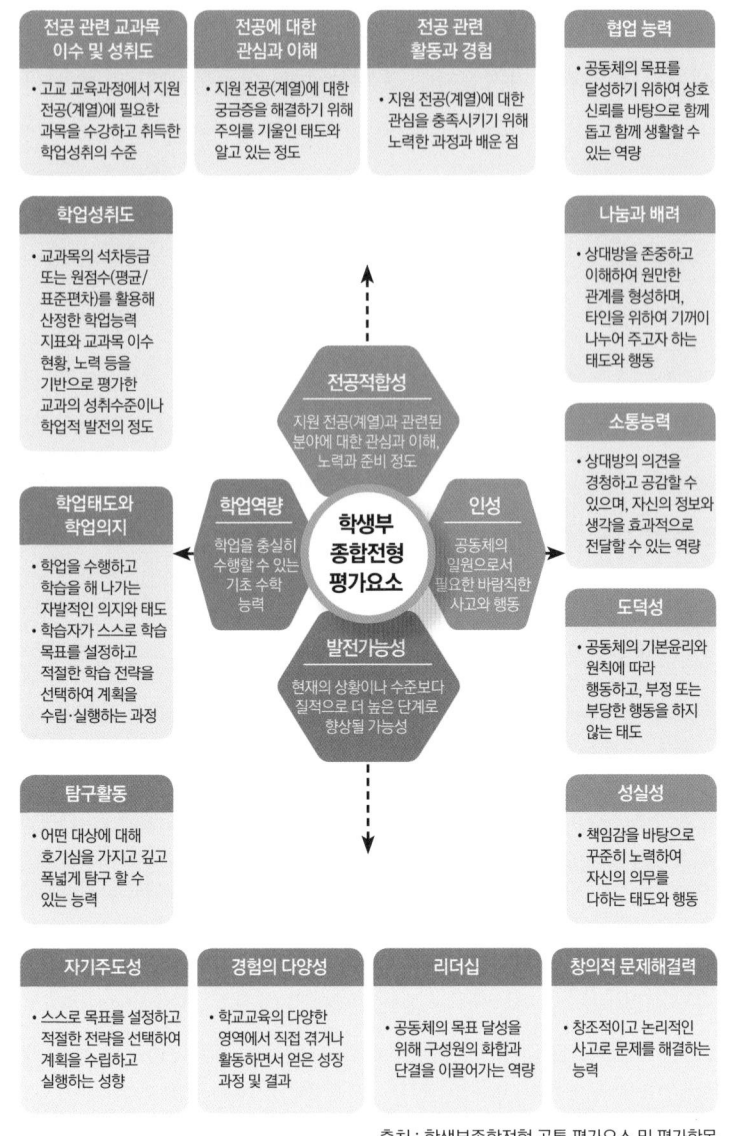

전공 관련 교과목 이수 및 성취도
- 고교 교육과정에서 지원 전공(계열)에 필요한 과목을 수강하고 취득한 학업성취의 수준

전공에 대한 관심과 이해
- 지원 전공(계열)에 대한 궁금증을 해결하기 위해 주의를 기울인 태도와 알고 있는 정도

전공 관련 활동과 경험
- 지원 전공(계열)에 대한 관심을 충족시키기 위해 노력한 과정과 배운 점

협업 능력
- 공동체의 목표를 달성하기 위하여 상호 신뢰를 바탕으로 함께 돕고 함께 생활할 수 있는 역량

학업성취도
- 교과목의 석차등급 또는 원점수(평균/표준편차)를 활용해 산정한 학업능력 지표와 교과목 이수 현황, 노력 등을 기반으로 평가한 교과의 성취수준이나 학업적 발전의 정도

나눔과 배려
- 상대방을 존중하고 이해하여 원만한 관계를 형성하며, 타인을 위하여 기꺼이 나누어 주고자 하는 태도와 행동

학업태도와 학업의지
- 학업을 수행하고 학습을 해 나가는 자발적인 의지와 태도
- 학습자가 스스로 학습목표를 설정하고 적절한 학습 전략을 선택하여 계획을 수립·실행하는 과정

소통능력
- 상대방의 의견을 경청하고 공감할 수 있으며, 자신의 정보와 생각을 효과적으로 전달할 수 있는 역량

학업역량
학업을 충실히 수행할 수 있는 기초 수학 능력

전공적합성
지원 전공(계열)과 관련된 분야에 대한 관심과 이해, 노력과 준비 정도

학생부 종합전형 평가요소

인성
공동체의 일원으로서 필요한 바람직한 사고와 행동

발전가능성
현재의 상황이나 수준보다 질적으로 더 높은 단계로 향상될 가능성

도덕성
- 공동체의 기본윤리와 원칙에 따라 행동하고, 부정 또는 부당한 행동을 하지 않는 태도

탐구활동
- 어떤 대상에 대해 호기심을 가지고 깊고 폭넓게 탐구 할 수 있는 능력

성실성
- 책임감을 바탕으로 꾸준히 노력하여 자신의 의무를 다하는 태도와 행동

자기주도성
- 스스로 목표를 설정하고 적절한 전략을 선택하여 계획을 수립하고 실행하는 성향

경험의 다양성
- 학교교육의 다양한 영역에서 직접 겪거나 활동하면서 얻은 성장 과정 및 결과

리더십
- 공동체의 목표 달성을 위해 구성원의 화합과 단결을 이끌어가는 역량

창의적 문제해결력
- 창조적이고 논리적인 사고로 문제를 해결하는 능력

출처 : 학생부종합전형 공통 평가요소 및 평가항목
(건국대, 경희대, 서울여대, 연세대, 중앙대, 한국외대)

큰 틀에서 대학이 선발하려는 핵심 역량은 모두 포함되어 있다고 생각을 하고 있으며, 비슷한 역량을 다른 용어를 사용해서 설명하기도 한다는 점을 감안해서 이해하면 됩니다.

학생부 종합 전형을 설명하기 위해 저자가 사용하는 단어는 '학.인.전.발'이라는 용어입니다. 학업역량, 인성, 전공적합성, 발전가능성이라는 평가요소를 줄인 단어입니다. 결국 우리가 학생부 종합 전형을 제대로 이해하기 위해서는 핵심 평가요소인 '학.인.전.발'을 제대로 이해하는 것이 중요하다는 것이죠.

물론 '학.인.전.발'에 대해 아는 것도 중요하지만, 단순하게 아는 것에서 끝나면 대체로 실패하게 됩니다. 행간의 의미를 파악하는 것이 중요하기 때문이죠. 단순하게 학업역량이 중요하다고 이야기하면 대체로 '공부 열심히 해'로 이야기가 귀결됩니다. 일정 부분 맞는 이야기이긴 하지만, 정답은 아닙니다. 왜냐하면 대학에서 이야기하는 **학업역량은 결국 "자기주도성"에 포인트를 두고 있는데 '공부 열심히 해'라는 단어에는 이미 수동성이 포함되어 있거든요.** 그러니 정답이 될 수가 없습니다.

단순하게 단어를 아는 것을 넘어서서 제대로 공부하는 과정이 반드시 필요한 이유입니다. '학.인.전.발'의 의미를 정확하게 이해할 때, 학생부 종합 전형을 위한 전략이 위력을 발휘하게 됩니다.

다른 측면에서 본다면, 대학은 학생부 종합 전형을 통해 어떤 학

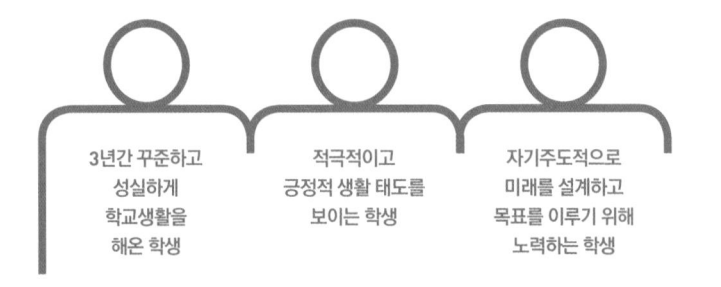

| 3년간 꾸준하고 성실하게 학교생활을 해온 학생 | 적극적이고 긍정적 생활 태도를 보이는 학생 | 자기주도적으로 미래를 설계하고 목표를 이루기 위해 노력하는 학생 |

출처 : 고려대학교 학생부 종합 전형 안내 책자

생을 선발하길 원할까요? 여러 가지 이야기를 할 수 있겠지만, 대학이 발행하는 학생부 종합 전형 안내 책자를 통해 그 해답을 찾을 수 있습니다. 고려대학교 학생부 종합 전형 안내 책자의 내용에 보면 학생부 종합 전형을 통해 선발하기 원하는 학생을 다음과 같이 소개하고 있습니다.

대학이 선발하기 원하는 학생은 사실 매우 선명합니다. 꾸준하고 성실하게 학교생활을 한 학생, 그리고 적극적이고 긍정적인 생활 태도를 보인 학생, 그러면서 자기 주도적으로 미래를 설계하고 목표를 이루기 위해 노력하는 학생입니다.

그럼, 여기서 질문 하나! 저자는 교사 생활을 20년을 넘게 하면서 저런 학생을 거의 본 적이 없는데, 이 책을 읽고 있는 선생님과 학부모님들에게 동일한 질문을 던지고 싶네요. 쉽지 않다는 점을 아시겠죠? 사실, 대학은 선발하길 원하는 학생을 제시할 때 대부분 매우 추상적으로 이야기를 합니다. 그 추상적인 것을 구체화한 것이 바로 '학.인.전.발'입니다. 다만, 여기서 제가 군이 고려대의 안내 책자 내용을 소개한 이유가 있습니다. 고려대가 선발하길 원하는 학생은 하나의 유형이 더 있습니다. 사실 거의 대부분의 대학이 선발하길 원하는 학생이죠. 다만 명시적으로 드러내서 이야기하는 대학이 별로 없을 뿐입니다. 어떤 학생일까요? 궁금하시죠? 생각해보시고, 나름의 답을 만들어보세요. 이런 질문이 상당히 의미가 있습니다. '내가 입학사정관이라면, 내가 교수라면 어떤 학생을 선발할까'라는 질문이죠.

자, 그럼 이제 답을 보겠습니다.

졸업 후
고려대학교를
빛낼 수 있는 학생

출처 : 고려대학교 학생부 종합 전형 안내 책자

답을 보시니 어떤가요. 혹시 조금 당황스러우신가요? 하지만, 저는 이것이 대학의 궁극적인 선발 목적이라고 생각합니다. 대학은 졸업 후에 대학을 빛낼 수 있는 학생을 학생부 종합 전형을 통해 선발하길 원합니다. 졸업 후 대학을 빛낼 수 있는 학생을 한마디로 이야기하면 "누가 보더라도 우수함을 가진 학생"이 되겠네요. 사실 이 문장은 매우 중요합니다. 학종의 비밀이 숨겨진 문장이니 이후에 설명드리겠습니다. 이렇게 이야기를 하면 대부분 내신 성적의 우수함을 생각하시겠지만 아닙니다. 학생과 교사와 학부모가 생각하는 우수함과 '대학이 생각하는 우수함'은 사실 그 궤도를 달리합니다. 결국 포인트는 어떻게 **대학이 생각하는 우수함을 학생부에 보여줄 것이냐가 학생부 종합 전형의 핵심입니다.**

당연히 첫 번째 넘어야 할 산이 있습니다. 바로 대학이 생각하는 우수함이 어떤 것인지를 알아야 합니다. 앞서 이야기한 것처럼 '학.인.전.발'이 가장 대표적인 역량입니다. 연세대의 경우는 학인전발이고, 고려대는 학인전성입니다. 학업역량과 인성, 전공적합성은 동일하게 사용하지만, 발전가능성이 아니라 성장가능성으로 사용합니다. 큰 틀에서 본다면 유사하다는 점을 확인하실 수 있죠.

사실, 우수함이라는 단어는 사실 매우 추상적인 단어입니다. 즉, 매우 개별적으로 이해하는 단어인 셈이죠. 결국 사람마다 우수함을 생각하는 기준이나 평가가 다릅니다. 지금 선생님이, 학부모님이, 학생이 생각하는 우수함과 대학이 요구하는 '우수함'은 기준이 다릅니다. 여기서 포인트는 대학이 생각하는 우수함에 대해서 이해해야 제대로 된 준비를 할 수 있게 된다는 점입니다. 많은 학생과 학부모, 교사들이 이 부분에서 실수를 합니다. 너무 쉽게 우수함을 단정짓는 거죠. 그러다보니 대학이 요구하는 것과 다른 우수함을 준비하게 되고, 결국 좋은 결과를 만들지 못하게 됩니다. 대체로 이런 경우에 학생부 종합 전형을 '깜깜이'라고 이야기 하는 경향이 발생합니다. 이제 정확한 방향을 잡을 수 있으시겠죠? 대학이 원하는 우수함의 핵심이 바로 '학인전발'과 같은 단어로 대표되는 평가요소인 셈입니다. 이를 보다 자세하게 알아봅시다. 이렇게 평가요소를 제시해도 기존의 틀을 가지고 사고하는 순간 엄청난 오해를 하게 됩니다. 그래서 정확하게 아는 것, 정확하게 이해하는 것이 중요합니다. 그래야 제대로 된 방향으로 준비를 하고, 전략을 짤 수가 있습니다.

학인전발 중의 처음은 당연히 **'학업역량'**입니다. 학업 역량이라고 하면 바로 '내신 성적'을 생각할 수밖에 없습니다. 이것은 조금 심각한 인식의 오류입니다. 내신 성적의 우수함을 따지는 것은 당연히 '학생부 교과 전형'입니다. 학생부 종합 전형은 내신 성적을 정량적으로 평가하는 것이 아니라, '정성적'으로 평가합니다. 특히나, 학생들의 과목 선택이 평가에 반영되는 2015개정 교육과정이 적용되는 상황에서는 더욱 그러합니다.

학업역량은 '학업을 충실히 수행할 수 있는 기초 수학(修學) 능력'을 의미하는 단어입니다. 이때 중요한 포인트로 짚고 넘어가야 하는 부분이 바로 '수행할 수 있는'이라는 부분입니다. 즉, 과거형이 아닌 미래형에 가까운 표현이죠. 결국은 고교에서 보여준 내신 성적뿐만 아니라, '대학'에서 스스로 공부를 수행할 수 있는 역량이 있는지를 검증하는 항목이라는 점입니다. 학업 역량의 평가에 포함되는 요소들이 '학업성취도, 학업태도와 학업의지, 탐구활동'입니다.

학업성취도라는 요소가 있습니다. 이제 자연스럽게 앞에서 언급했던 서울대의 '교과 평가'라는 개념이 떠오르시죠? 학업성취도라고 하는 것이 정량적 평가의 영역이 아니라는 점이 조금은 이해가 되어야 합니다. 학업성취도에서 흔히 말하는 내신 성적이 중요한 부분인 것은 어느 정도 사실입니다. 하지만, 내신 성적을 하나의 숫자로 표현할 때는 매우 심각한 오류들이 생깁니다.

예를 들어보겠습니다. 이공계열 학생들은 수학 선택과목에서 미적분, 기하, 확률과 통계 중에서 선택하게 됩니다. 단순하게 생각해서 다른 조건이 없다면 상위권 학생들은 당연히 확률과 통계를 선택해서 1등급을 받을 것입니다. 하지만, 상위권 대학은 거의 '과목지정'을 통해 미적분과 기하 중에서 선택하도록 했습니다. 결국 상위권 대학을 준비하는 학생은 확률과 통계가 아닌 미적분과 기하 중에서 과목 선택을 해야 하는 것입니다. 확률과 통계 과목에서 1등급을 받을 수 있는 학생이 미적분 혹은 기하를 선택해서 1등급을 받지 못하는 상황이 만들어지게 됩니다. 그럼 이런 질문이 가능합니다.

'확률과 통계 1등급을 받은 학생과

미적분에서 2등급을 받은 학생 중 누가 더 우수할까요?'

정량적인 평가를 기준으로 한다면 당연히 확률과 통계에서 "1등급"을 받은 학생이 더 우수합니다. 하지만, 대학의 입장에서는 당연히 미적분이나 기하를 선택한 학생을 우수하다고 평가할 것입니다. 과목의 수준차이가 명확하기 때문입니다. 그러니 정량적 평가가 아니라, 정성적 평가를 하게 되는 거죠. **단순하게 '등급'을 비교하는 것은 학생이 가진 우수함의 일부만 볼 수 있습니다.** 개별 학생이 더 어려운 과목을 선택해서 더 깊이 이해하려고 한 노력을 평가할 수 없는 것입니다. 그러니 이 부분에서는 정량적 평가가 약점이 될 수밖에 없습니다.

뿐만 아니라, 우리가 흔히 말하는 어느 대학을 지원하기 위해서는 내신 등급이 1.X가 되어야 한다고 말하는 것도 크게 의미가 없습니다. 예를 들어 내신 성적을 꾸준히 향상시킨 학생도, 내신 성적이 꾸준히 하락한 학생도 비슷한 평균이 나타날 가능성이 높기 때문이죠. 그러니 객관식으로 드러나는 내신 성적이라고 해도, 정량적 평가가 아니라 정성적 평가를 하게 되면 다양한 해석이 가능합니다. 내신 성적의 추세라든지, 수강생의 수, 선택 과목의 추이 등

등의 변수가 작용하게 됩니다. 이를 종합적으로 판단하려고 하는 것이 바로 '학업성취도'입니다. 그러니 제발, 내신 성적이라는 말로 쉽게 넘어가지 마시고, 보다 디테일한 공부를 꼭 병행하시길 바랍니다.

학업태도와 학업의지에서 핵심적인 것은 결국 '자기 주도적 역량'입니다. 특정 방향의 공부를 '자기 주도적'으로 진행할 수 있는 역량을 가지고 있는지, 그리고 그것을 학생부를 통해서 증명하고 있는지가 관건이 됩니다. 자기 주도적 역량을 강조할 때 가장 의미 있는 것은 개별 학생이 가진 '지적 호기심'에 대한 것입니다. 자신이 가진 지적 호기심을 그냥 묻어두고 가는 것이 아니라, 그 호기심을 풀어내기 위해 노력하는 과정을 학생부에 보여주는 것이 필요합니다. 무엇인가를 궁금해 하는 학생이라면 그 궁금함을 다양한 영역에서 풀어내기 위해 노력하는 것이 당연하기 때문입니다. 이런 경우는 부모님들, 선생님들도 충분히 있으실 거라 생각합니다. 예를 들어 '바둑'을 처음 배우고, 바둑의 재미에 빠진 사람은 눈을 감아도 바둑판이 그려집니다. 흰색과 검은색만 봐도 바둑판이 그려지는 것이죠. 게임도 마찬가지고, 다른 영역에서도 마찬가지 현상이 나타납니다. 공부라고 예외는 아니지요. 궁금한 것이 생기고, 그것이 "호기심"으로 발전하면 그것을 해결하기 위해 다양한 영역들에서 관련된 내용들을 찾을 수밖에 없습니다. 이것을 대학은 '학업 태도와 학업 의지'라는 항목으로 지칭하는 것에 불과합니다. 결국은 학생이 '궁금증'을 어떻게 해결하는지를 보고 싶은 것이죠. 그 해결 방법이 바로 '수학 능력'의 기초가 될 테니까요.

그런 학생들의 역량이 꽃피우는 영역이 바로 '탐구 활동'입니다. 그러나 탐구 활동에 대해서는 오해가 많습니다. 때로 소논문을 써야 한다느니, '보고서를 많이 써야 한다' 등의 이야기로 와전되죠. 하지만, 대학 교수의 입장에서 그 내용을 확인할 수도 없는 소논문이 무슨 의미가 있고, 고등학생이 쓴 보고서가 크게 의미가 있을 리가 없습니다. 중요한 것은 그 소논문과 보고서를 쓰기까지의 과정입니다. 왜 이 분야에 관심을 가지고 "탐구"를 진행했는지, 그리고 어떤 과정을 거쳤는지에 포인트가 있습니다.

사실 가장 중요한 것은 탐구의 과정을 통한 '학생의 성장'입니다. 더 많이, 더 깊게 공부한 학생은 더 많이 성장하게 될 테니 그 성장을 학생부를 통해 보여주는 것이 필요한 것입니다. 그래서 실패한 실험도, 제대로 진행되지 못한 토론도 중요성을 가집니다. 그 실패와 실수를 통해 성장하는 모습을 보여주면 좋은 평가를 받게 되는 거죠.

개인적으로 오랜 시간 동안 학생을 지도하면서 학업역량을 평가할 때 가장 중요하게 생각하는 것은 '탐구활동'입니다. 지금 고등학교의 진학을 준비하는 모든 학생, 그리고 학부모, 교사들에게 부탁하고 싶은 것은 학생이 "자신만의 궁금증"을 가지도록 만들어달라는 것입니다. 그 궁금증을 깊이 있게 풀어가는 것이 핵심인 셈이죠. 그 과정에서 학업역량은 자연스럽게 성장하게 될 것입니다. **이 영역에서 가장 중요하게 생각하는 문장은 "새로운 지식을 알기 위해 자기 주도적으로 노력했는가"**로 표현이 가능할 듯합니다. 이 문장을 통해 지적 호기심, 그리고 탐구 역량 등을 총체적으로 보여줄 수 있는 거죠. 그럼 자녀가 만들어 갈 학생부를 보면서 동일한 질문을 하고, 답을 찾을 수 있으면 이미 '우수한 학생'의 길을 걸어가고 있는 것입니다. 아직 그 영역이 없다면, 부모님이 '많은 질문'을 통해서 찾아갈 수 있도록 네비게이터의 역할을 해주셔야 합니다. 앞서 언급했던 '학종형 인간'을 세부적으로 적용하면 '학종형 부모'가 가능해집니다. 학생의 학업역량이나 강화를 위해 "공부해!"라는 말 대신 함께 궁금해하고 질문하는 부모가 되는 것이 필요합니다.

학인전발이라는 평가요소 중 두 번째는 '인성'입니다. 인성을 평가요소로 이야기할 때는 조금 조심스러운 부분이 있습니다. 우리가 일반적으로 인성에 대해 가지는 오해가 있기 때문입니다. 일상적으로 사용하는 단어와 평가요소로 활용되는 단어는 그 의미가 다를 수밖에 없다는 점을 이해해야 합니다. 사실 인성과 인간성을 구분한다는 것은 학술적인 영역으로 들어가서 설명해야 하는 부분이라서 여기서 구분하는 것은 크게 중요하지 않다고 생각합니다. 다만, 이것을 평가요소로 이야기할 때는 조금 다른 시선을 가져야 합니다. 일반적으로 인성을 말할 때는 '착하다, 성실하다' 등과 같은 표현이 사용됩니다. 충분히 설득력이 있습니다. 하지만, 이런 질문을 하면 어떻게 될까요?

'대학은 착한 학생을 선발할까요?'

착한 학생을 대학에서 선발하는 우수함의 근거로 보기에는 다소 어려움이 있을 듯합니다. 그럼 대학이 '인성'을 평가요소로 내세운 것은 어떤 의미일까요? 핵심은 '공동체에서 나타나는 **인간적 특성**'이 될 것입니다. 그런 의미에서 '협업 능력, 나눔과 배려, 도덕성, 성실성, 소통 능력' 등을 말할 수 있습니다. 즉, 일반적으로 인성을 생각할 때 떠올리는 humanity라기 보다는 personality가 보다 정확한 개념이 될 수 있습니다. 조금 더 쉽게 말한다면 'character'로 설명이 가능할 듯합니다. 단순하게 '난 착하니까 붙을 거야, 성실하니까 가능성이 있어' 라는 말로는 설명이 어렵다는 의미입니다. 인성에 대한 이해가 되었다면, 인성을 학생부의 어떤 영역에서 표현할 것인지도 중요한 전략이 됩니다. 단순히 '성실하게, 착하게'가 아니라면 어떤 콘셉트여야 하는지도 고민해야 합니다. 다양한 이야기들이 가능하지만, 지면 관계상 하나의 문장만 생각해 보죠. "어려운 상황이 발생해도 일관된 모습으로 대처하는가?"라는 정도로 질문이 가능합니다. 이를 통해 이 학생이 어떤 캐릭터인지에 대한 평가가 가능해집니다.

다음으로 생각할 수 있는 것은 '**전공적합성**'이라는 평가요소입니다. 평가요소 가운데 가장 오해가 많고, 오해의 깊이가 가장 깊은 요소입니다. 그래서 이 평가요소를 제대로 이해하는 것이 무엇보다 중요합니다. 문제가 되는 부분은 '전공'이라는 단어입니다. 좁게 생각하다보니 각종 오해가 생깁니다. 오해를 불식시키기 위한 가장 좋은 방법은 다음 질문에 답을 해보는 방법입니다.

'대학의 전공 개수와 고등학교의 전공 개수는 같을까요?'

당연히 정답은 '다르다'입니다. 고등학교에서 배우는 과목은 매우 한정적일 수밖에 없습니다. 졸업할 때까지 대략 40과목 정도를 배웁니다. 그러니 당연히 전공적합성은 말도 안 되는 소리죠. 전공적합성을 좁게 생각하면 많은 문제들이 생깁니다. 불어불문학과를 생각하고 있는 학생은 도대체 고등학교에서 무엇을 해야 한다는 말일까요? 핵물리학자를 꿈꾸는 학생은 어디에서 봉사활동을 해야 할까요?

이제 이상한 점을 느끼셨나요. 우리가 얼마나 전공적합성을 제대로 이해하지 못하고 있는지를 알 수 있습니다. 전공이라는 단어를 생각하니까 전공에 맞는 활동이 있고, 아닌 활동이 있다고 생각하게 되고, 진로도 일관성을 가지고 있어야 한다고 생각합니다. 이런 생각을 가지고 있으니, 의대를 준비하는 학생은 병원 봉사를 반드시 해야 한다고 생각하는 것이고. 매우 심각한 오해를 하고 있는 것입니다. 학생부 종합 전형에 대한 기본적인 공부조차 안되어 있다고 보면 됩니다.

다른 측면에서는 이런 질문도 가능합니다. 병원에서 봉사활동을 하는 그 학생들은 도대체 병원에서 무엇을 할까요? 대체로 청소와 안내와 같은 활동을 합니다. 그럼 그 활동이 '의사가 되기 위한' 전공적합성과 관련이 있나요? 다른 측면에서는 이런 질문도 할 수 있습니다. 고교 생활 중 댄스부 활동을 한 학생, 혹은 농구 동아리를 한 학생은 전공적합성이 없어서 대학에 진학하지 못할까요? 당연히 아닙니다. 자, 그럼 다시 질문을 던져보죠.

전공적합성은 도대체 무엇일까요?

전공적합성은 대학마다 사실 매우 다르게 인식하고 있습니다. 하지만 대체로 매우 넓게 인식하고 있죠. '계열 적합성'이라는 표현입니다. 실제 전공적합성을 강조하는 사람들은 자꾸 '활동' 포인트를 둡니다. 하지만, 대학은 전공적합성을 활동으로 규정짓지 않습니다. 절대로요. 결국 대학이 전공적합성을 말할 때의 핵심은 '역량'입니다. 그래서 계열에 적합한 역량이라는 의미로 사용하는 것이 일반적입니다. 굳이 말한다면, '전공적합성'이라 쓰고 '계열 적합성'이라고 읽으면 됩니다.

전공적합성을 확인하는 요소들은 많이 있지만, 대체로 '전공 관련 교과목 이수 및 성취도, 전공에 대한 관심과 이해, 전공 관련 활동과 경험'으로 정리할 수 있을 듯합니다. 전공 관련 교과목 이수 및 성취도는 앞서 언급한 '학업역량'에서 '학업성취도 평가'와 맞닿아 있습니다. 역시 서울대의 '교과 평가'와도 맞닿아 있는 셈이죠. 굳이 말하자면, '전공 관련 교과목 이수 및 성취도'와 '학업성취도 평가'는 '상호 검증'이 이뤄지는 것이라고 생각하면 됩니다. 전공(계열)에 대해서 중요한 부분은 관심과 이해입니다. 자신이 생각하는 전공과 관련된 관심이 출발점이 될 것이고, 이것은 관심 영역에 대한 '지적 호기심'이라는 형태로 발현될 것입니다. 이 궁금함을 해결해가다보면 전공에 대한 이해가 깊어지게 되죠. 이해가 깊어지는 과정에 고등학교에서 운영하는 여러 프로그램(동아리, 대회, 독서, 창체 활동 등)이 존재할 수 있습니다. 열정적으로 참여한 학생들은 전공과 관련된 활동과 경험이 축적되는 모습이 학생부에 나타나게 됩니다. 정확하게는 의도적으로 그런 활동을 학생부에 담는 것이 아니라, **자연스럽게 담기게 되는 것**입니다.

앞서 언급할 것과 같이 고교에서 모든 전공을 다 다룰 수가 없습니다. 그러니 대학에서는 '간접 경험'도 매우 중요하게 생각합니다. 이 간접 경험의 가장 대표적인 수단이 바로 '독서'입니다. 갈수록 독서의 영향력이 줄어든다고 이야기하는 사람들이 있는데, 입시에서는 너무나도 중요한 요소가 바로 독서입니다. 어떤 책을 읽었는지는 그 학생의 관심사와 이해도를 측정하는 매우 중요한 수단이 되기 때문입니다. 2024 입시를 준비하는 학부모와 교사들은 언론에서 학생부에 독서가 반영되지 않는다는 이야기를 많이 들었을 것입니다. 학생부에 입력할 수 없으니 중요성이 줄었다는 이야기를 한다면 아직 공부가 매우 부족한 상태입니다. 자신이 읽고 고민하고 생각한 내용을 수업 시간에 자연스레 발표할 수 있는 것이 너무 당연합니다. 교과 세특을 통해 자신만의 독서 커리큘럼과 성장한 경험치를 기록할 수 있다는 말입니다. 이 과정을 통해서 학업 역량과 전공적합성을 고루 보여줄 수 있는 셈입니다. 이 부분은 매우 중요한 부분이기에 사례로 설명을 하겠습니다.

현수는 평범한 학생이고, 내신 성적도 그리 뛰어난 학생은 아니었습니다. 그런 현수가 가장 좋아하는 것은 '축구'였고, 동아리 활동도 축구 관련 동아리였습니다. 3년 동안 축구 동아리 활동을 했고, 자율동아리는 3:3 축구 동아리였습니다. 현수를 상담하면서 별명으로 불렀는데, 현수의 별명은 '축축축'이었습니다. 축구를 지나치게 사랑하는 학생이라는 의미죠. (여담이지만, 상담을 받는 학생 중에는 별명이 '농농농'도 있고, '댄댄댄'도 있었습니다. 대체로 좋은 대학을 진학했죠.) 그렇게 축축축 현수와 상담을 시작하면서 질문을 던집니다.

기억하시죠? 교사와 학부모의 역할은 질문자다. 일단은 가볍게

'축구는 왜 좋아하니, 가장 좋아하는 축구 선수는 누구니?' 등 질문을 하면서 학생의 역량을 파악해갑니다. 대체로 가장 중요한 질문은 '축구 동아리에서 어떤 역할을 했니'와 같이 개별 학생의 활동을 묻는 상황입니다. 이 학생은 특이하게도 골키퍼를 매우 좋아했습니다. 3년 동안 축구를 하면서 골키퍼만 한 학생이었죠. 그럼 다음 질문은 이렇게 하면 됩니다. '골키퍼를 하면서 뭘 배웠니?'라고 물으면 기가 막힌 답들이 나옵니다.

학생이 생각을 계속 이어갈 수 있도록 질문을 이어가면, 좀 당황스러운 대답을 거치면서 조금씩 학생이 생각하는 답변이 나오게 됩니다. 현수는 오랜 질문의 끝에 이런 대답을 했습니다. '골키퍼를 하다 보면 축구장 전체를 자꾸 봐요. 축구장 전체에서 선수들의 움직임을 모두 봐야 공이 어디로 올지 예상을 할 수 있거든요.' 저는 '빙고!'를 외쳤습니다. 현수는 골키퍼 역할을 3년간 수행하면서 경기장 전체를 한눈에 담을 수 있는 역량, 즉 '거시적 관점'이라는 역량을 키웠습니다. 대체로 학생들은 자신이 키운 역량을 제대로 알지 못하는 경향이 있습니다. 그래서 누군가 질문하는 역할이 꼭 필요합니다. 현수는 사물과 사건을 거시적으로 바라보는 시각을 키운 셈입니다. 정말 멋진 "계열 적합성"이죠. 그럼 현수가 진로를 생각할 수 있는 학과들의 폭이 정해집니다. 거시적 관점이 필요한 계열이면 어디든 상관이 없습니다. 거시 경제 정책, 사회 정책을 입안하고 기획하는 자리에 설 수도 있겠죠.

이런 사례를 통해 전공적합성을 더 쉽게, 그리고 더 정확하게 이해할 수 있었으면 합니다. 좁게 생각하고 얕게 이해하지 말고, 제대로 이해하면 제대로 된 전략을 세울 수 있게 됩니다. 현수의 사례처럼 자신의 활동이 아니라 역량에 포커스를 두면 비로소 보이는 것들이 존재하게 됩니다.

학인전발의 마지막은 '**발전가능성**'입니다. 발전가능성이라는 평가요소에 대한 오해도 매우 많습니다. 발전가능성이라고 하면 대부분의 학부모님들은 자녀를 떠올립니다. 지금은 다소 부족한 면이 있지만, '우리 아이는 꼭 잘 해낼 거야, 언젠가는 꼭 공부를 잘하게 되겠지!' 라는 막연한 생각을 가지고 있습니다. 바로 발전가능성, 잠재력이 풍부하다고 생각하는 경향입니다.

이 부분은 학생부의 종합 의견에도 비슷하게 나타납니다. '잠재력이 뛰어나며~'와 같은 표현은 정말 자주 사용되는 표현 중의 하나죠. 많은 학생들이 이런 방식으로 기록되어 있습니다. 문제는 학생부 종합 전형을 지원한 학생들 모두가 이렇게 기록되어 있다는 점입니다. 대학의 입장에서는 믿을 수 없는 이야기인 셈이죠. 다른 평가요소도 마찬가지이지만, 특히나 발전가능성은 반드시 **명확한** 근거가 필요합니다. 개별 학생이 가진 잠재력을 증명할 수 있는 무엇인가가 꼭 필요하며, 단지 '잠재력이 뛰어나다'라고 말하는 것으로는 결코 학생의 발전가능성을 강조할 수 없습니다.

그럼 도대체 어떤 학생이 발전가능성이 있다고 평가를 받을 수 있을까요? 대체로 '자기 주도성, 경험의 다양성, 리더십, 창의적 문제해결력' 등을 갖춘 학생입니다. 핵심은 이런 역량이 반드시 학생부에서 근거를 가진 상태로 강조되어야 한다는 점입니다. 무턱대고 잠재력이 뛰어난 학생이라는 표현을 사용하게 되면, 오히려 부정적인 영향을 주게 됩니다. 그러니 어떤 방식으로 발전가능성을 증명할 것인지 고민해야 합니다.

개인적으로 발전가능성이라는 평가요소를 매우 좋아합니다. 많은 학생들을 대학을 보내는 방법으로 매우 적극적으로 활용을 하고 있습니다. 현재의 환경이나, 상황의 불리함을 극복하기 위한 노력을 보여줄 수 있는 마법의 단어에 가깝습니다. 그러니 자녀와 학생의 발전 가능성을 "증명"합시다. 증명하는 방법은 사실 여러 가지가 있지만, 저자가 주로 사용하는 방법은 '고등학교의 문제점 찾기'입니다.

고교 생활을 진행하면서 많은 문제점과 불편함을 접하게 되는데, 이를 극복하기 위해 노력한 내용을 학생부에 기록하는 것이 중요합니다. **이 과정이 '한계를 뛰어넘기 위해 노력하는 학생'이라는 메시지를 줍니다.** 즉, 어떤 상황과 환경에서도 성장하고 발전하기 위해 노력하는 잠재력을 자연스럽게 증명하는 것입니다. 꼭 학교에서의 문제점일 필요는 없습니다. 자신이 속한 지역 사회, 혹은 우리 도시의 문제점을 고민하는 과정도 의미가 있습니다. 그 문제점을 해결하기 위한 과정을 통해 자신이 성장하는 모습을 학생부에 기록하는 것이 증거가 되는 것입니다.

평가요소인 '학인전발'에 대한 기본적인 이해가 되었다면, 고교 생활에서 어떻게 이 학인전발을 구체적으로 학생부에 입력할 것인 지를 전략적으로 고민하는 과정이 필요합니다. 이 부분은 워낙 개별적인 영역이라서 뒷부분에서 사례들을 바탕으로 설명하는 것이 더 의미가 있을 듯합니다. 학생부 종합 전형의 평가 방식은 대체로 '횡단 평가'와 '종단 평가'의 형식으로 이뤄집니다. 횡단 평가는 '학인전발'이라는 평가요소를 가지고, 학생부의 자율 활동, 동아리 활동, 봉사활동, 진로 활동, 교과 세특, 비교과 등을 교차 체크한다고 생각하면 됩니다. 학생의 우수함은 한 영역에서 나타나는 것이 아니라, 여러 영역에서 나타나는 것이 일반적이기 때문입니다. 이렇게 횡단 평가를 통해 드러난 역량을 1학년부터 3학년 1학기까지 종단으로 체크하는 것이 바로 종단 평가입니다. 이런 평가 방식이라는 점을 감안하면 학생의 자기주도성이 학생부 종합 전형에서 얼마나 중요한 것인지를 이해할 수 있으리라 생각이 듭니다. 특정 교사가 특정 학생이 우수하다는 평가를 일회성으로 부여하는 것은 크게 의미가 없습니다. 특정 역량을 가진 학생의 우수함은 학생부의 여러 영역, 교과의 여러 영역에서 표현된다는 점이 매우 중요합니다.

PART 03

입시 대비,
성적을 넘어서는 역량!

▼

백전백승하는 공부법·독서법의 모든 것

CHAPTER 01

진짜 공부? VS 가짜 공부?

공부? '대화'가 먼저입니다

아이들은 왜 공부를 안 할까요? 가장 본질적인 질문이죠. 도대체 아이들은 왜 공부를 안 한 것일까. 대체로 정답은 목표가 없기 때문입니다. 제가 이렇게 말씀드리면 백이면 백 학부모님들이 '그러게요. 제 아들은(혹은 제 딸은) 꿈이 없어요'라고 이야기를 하실 겁니다. 그리고는 학생들에게 "꿈을 가지라"고 강요합니다. 하지만 그런다고 아이들에게 갑자기 꿈이 생기지 않는다는 걸 너무 잘 알고 있습니다. 그럼 다음 질문은 '어떻게 하면 꿈을 가질 수 있나요?'입니다. 사실 답은 매우 간단합니다. 아이들과 직접 "대화"를 해보시면 됩니다.

부모님들은 대체로 아이들과 대화를 하지 않고, 화를

먼저 내시죠. 그러니 다음 단계로 넘어가기가 힘듭니다. 오늘을 살고 있는 중고등 학생에게 부모님이 생각하는 "미래"를 말하는 것 자체가 대화를 하지 말자는 이야기가 됩니다. 그러니 일단은 대화하는 방법을 고민하셔야 합니다. 화를 내지 않고 자녀와 대화하기와 같은 과제를 드리고 싶네요. 성공하시면, 학생은 공부에 한걸음 더 다가가게 됩니다. 가족이 공유하는 시간의 증가는 정말 좋은 기회입니다. 오늘부터라도 **"공부해라"라는 말을 빼고 대화를 시도해** 보세요.

예를 보여드리겠습니다. 남학생 자녀를 둔 학부모님들은 '게임' 문제 때문에 정말 많이 힘들어 합니다. 해결 방법을 알려드리겠습니다. 게임 그만하라는 말은 이미 통하지 않습니다. 그 말을 하는 순간 싸움이 시작됩니다. 그러니 방법을 바꾸어 아버님이 같이 게임을 하는 상황을 만들어 보세요. 처음에는 어색하겠지만, 게임에 대해서 궁금한 것들을 자꾸 물어봐 주세요. 캐릭터의 성장 배경도 좋고, 게임의 세계관도 좋습니다. 이공계열 학생이라면 게임의 구성 원리나 표현 기법, 알고리즘에 대한 질문도 좋습니다. 게임 관련 질문을 던지다보면 그 속에서 학생은 자연스레 자신의 길을 찾을 수 있게 될 겁니다. 그 상황을 만드는 네비게이터로 아버님이 역할을 하시는 거죠.

현대 사회에서 게임은 이미 거대한 산업입니다. 그러니 내 아들이 게임 산업 속에서 자신의 자리를 찾아갈 수 있도록 만들면 됩니다. 때로는 프로그래머로, 때로는 스토리 작가로, 때로는 게임 속의 그래픽 아티스트로, 때로는 게임 마케팅 디렉터로…. 게임으로부터 발전할 수 있는 길은 무궁무진합니다. 어른들이 게임 자체를 학생들에게 '악'으로 규정지으면 그 다음 이야기를 진행할 수 없게 됩니다.

여학생들은 대체로 '아이돌, 일명 오빠들'에게 열광합니다. 팬심이 과할 때가 많죠. 이때도 접근 방법은 유사합니다. 내 딸이 좋아하는 것을 악으로 규정짓지 말고 같이 좋아해주세요. 그리고 질문을 던지는 겁니다. '어머, 이 아이돌 그룹은 왜 이렇게 갑자기 뜬 거지?'와 같은 질문을 통해서 아이들이 스스로 무언가를 찾아보게 만드는 거죠. 그럼 엄청난 대답들이 나오게 됩니다. 아이돌 산업도 한국을 이끌어가는 엄청난 산업입니다. 그 속에서 자신이 하고픈 일들을 찾아갈 이정표를 만들어 주는 것이 중요합니다. 무대 디렉터, 음향 디렉터, 마케팅 디렉터 등 '오빠'들과의 접점을 많이 가질 수 있는 길을 보여주고, 그 길을 향해서 나갈 수 있도록 서포트 해주시면 됩니다. 지금 그 자리에 있는 사람들이 어떤 과정을 거쳐서 그 자리에 도착했는지를 같이 찾아보는 과정도 좋습니다. 그 이후에 "공부"는 학생이 알아서 하게 됩니다.

부모님 그리고 선생님들은 알고 있습니다. 하고 싶은 일 하나를 하기 위해서 하기 싫은 일 9가지는 해야 한다는 것을. 하지만 학생들은 그걸 모르거든요. 그러니 알게 해주면 됩니다. 공부는 학생들이 가장 하기 싫은 대표적인 일이지만 네가 원하는 것을 하기 위해서는 반드시 거쳐야 하는 과정이라는 점을 부모님이 알려주시지 말고, '스스로 알아가고, 터득할 수 있도록' 질문을 던지는 역할을 해주세요. 단, 모든 이야기의 끝이 '공부해라' 내지는 '열심히 공부하자'로 끝나지 않도록 주의해 주세요. 공부하는 것은 학생의 선택일 때 가장 효율이 높습니다.

상위권 학생이 되려면 '프로학생러'를 벗어나라

학습 전략의 핵심은 **'자기주도성'에 있습니다.** 공부 외 모든 것이 재미있는 나이기 때문에 공부를 하기 위해서는 큰 결단이 필요합니다.

상위권 학생들은 그 결단이 대체로 '습관'이라는 이름으로 굳어져 있습니다. 상황이 달라져도 크게 흔들리지 않는 편입니다. 위기 상황에서 가장 크게 흔들리는 경우는 중상위권에 걸쳐 있는 학생들입니다. 중상위권 아이들은 분위기에 따라서 아주 열심히 공부 할 수 도 있고, 반대로 아주 쉽게 풀어져 버리기도 합니다. 결국 코로나로 인한 피해는 중하위권에서 더 극명하게 나타나고 있습니다. 이른바 성적의 빈부격차입니다. 그런 학생들을 굳건히 잡아줄 무언가가 필요하다고 느끼게 되고, 대체로 부모님들은 학원이라는 답을 찾게 됩니다. 학원이 꼭 정답이 아니라는 사실을 알면서도 '학원이라도 다녀야 언젠가는 공부하겠지'라는 막연한 생각으로 보내시는 경우들이 대부분입니다.

그러다보니 앞서 설명한 것처럼 수학 한 과목에 2,000만원을 쏟아 붓고도 지난 시험에서의 그 수학 성적이 나왔습니다. 학생의 수학 성적을 생각하면 말도 안 되죠. 왜 이런 일이 발생할까요? 뭔가 이상하다고 느껴지지 않나요?

쉽게 생각해 보시면 됩니다. 고1이면 학생 생활이 10년차입니다. **10년 동안 학생으로 지낸 '프로학생러'이죠.** 행동 패턴이 어떠냐고요? 직장 생활 10년 차인 동료들을 생각해보시면 됩니다. 이 프로 학생러에게 '공부하라'는 말이 쉽게 통할까요? 아니죠.

초·중등 학부모님들이 느끼는 어려움을 이해 못하는 바는 아니지만, 교육 혹은 입시는 '마라톤'입니다. 장기적인 플랜을 가지셔야 원하는 바를 이룰 수 있습니다. 단지 지금 '공부해라' 라고 쉽게 말하시면 지금은 듣습니다. 정확히 아이들은 듣는 척을 하는 거겠죠. 그러니 속에서 열불이 나시겠지만 접근 방법을 바꾸는 것을 권해드립니다. 부모님도 학생들과 같습니다. "투자"하지 않으면 성과를 쉽게 얻을 수가 없습니다. 거기에 학원비를 투자하는 것은 가장 하책에 속하는 방법입니다. 결국 입시에서 성공하는 학생들은 '궁금한 것이 많은 학생들'입니다. 초·중등 학생들에게 최고의 공부는 궁금한 것을 찾는 과정을 아는 것입니다. 퇴근하시고 집에 오셔서

"오늘 얼마나 공부했니?"가 첫 질문이 된다면, 아이가 느끼는 공부에 대한 감정은 바르게 형성되기 어렵습니다. 그러니 같이 궁금한 것을 찾고, 조금 더 확장된 궁금함을 제시해주세요. 그런 과정의 반복을 통해 아이는 자신의 호기심이 '정당한 것'이라는 점을 인지하게 되고, 그 호기심을 해결하기 위해 노력하는 과정과 그 과정에서 발생하는 어려움 혹은 힘듦을 받아들이게 됩니다. 대학이 원하는 최고의 인재상이죠. 부모님이 할 수 있는 자녀를 위한 최고의 "투자"이기도 합니다. 이 시대 최고의 공부법이기도 하고요. 서울대학교는 이 최고의 공부법을 '지적 호기심'이라는 단어로 설명을 하고 있습니다. 그리고 그 지적 호기심을 풀어가는 과정을 '지적 성취'로 설명하고 있죠. 지적 호기심과 지적 성취를 보여줄 수 있다면 상위권 대학이 마냥 꿈의 대학은 아닐 수 있다는 말입니다.

중학생은 이런 과정을 통해서 재수, 삼수 없이 원하는 대학을 학종으로 진학하게 될 것입니다. 지금까지의 상황만 놓고 보면 2025년 고교 입학생부터 고교 학점제가 시작됩니다. 이른바 논술형 수능도 시작되죠. 벌써부터 강남은 난리입니다. 논술형 수능을 초등학생부부터 준비해야된다는 불안을 자극하는 광고들이 즐비합니다. 그러나, 이런 질문의 과정을 거친 학생은 교육 과정의 변화, 혹은 입시의 변화와 상관없이 우수한 역량을 갖춘 학생으로 성장하게 될 것입니다.

공부하는 학생과 공부하지 않는 학생의 차이

결국 공부하는 학생과 공부하지 않는 학생의 차이는 학습 동기와 의지를 어떻게 가지냐의 문제입니다. '엄마표 공부'가 통하는 것은 초등학생 정도까지입니다. 물론 중학생이 되어서도 충분히 통하는 학생들을 보긴 했지만, 대체로 초등학교를 졸업하면서 부모의 공부 간섭으로부터 벗어나 자신만의 울타리를 만들게 됩니다. 사실 갈등도 그때부터 시작됩니다. 기껏 학습동기와 의지가 중요하다고 이야기를 하면, 부모님들은 대부분은 '넌 꿈이 뭐냐'로 이야기를 시작하고, 되고 싶은 것이 없다는 학생의 대답에 결국 싸움으로 마무리가 됩니다. 제대로 된 소통이 불가능하니 학생은 학생대로 부모는 부모대로 각자 편한 방법을 선택하게 되죠. 그 순간부터는 **가족 안에서도 "각자 도생"이 시작됩니다.** 이렇게 되면 학생은 제대로 된 공부를 하거나 방향을 잡을 수가 없습니다. 결국, 타협안으로 만들어지는 것이 '공부하는 척'이 되는 것이죠. 부모도 적당히 만족하고, 자녀도 적당히 제스처를 취하는 상황, 하지만 어떤 것도 해결되지 않는 상황이 이어지는 것입니다. 학원을 가는 척, 과제를 하는 척, 그리고 공부하는 척. 정말 공부 전문가의 포스가 느껴지는 프로 학생러의 모습이 점점 잡혀가는 것입니다. 공부와는 점점 담을 쌓으면서 말이죠.

부모는 '항상' 공부만을 이야기합니다. 부모는 미래를 말하지만,

학생은 '오늘'만 살아갑니다. 세대 자체가 다른데, 부모들은 그 사실을 인정하지 않고 이야기를 하다 보니 부모의 말은 학생들에게 잔소리로 밖에 들리지 않는 것입니다. 더불어 학생의 인권 신장으로 학습을 강제할 방법도 거의 없어지고 있죠. 예전 같았으면 교사들이 공부하라고 강제할 수 있었고, 야간 자율학습을 통해 어느 정도 길을 만들어줄 수 있었지만, 지금은 학생 인권이 그 길을 막고 있습니다. 학교에서 야간 자율 학습을 강제로 하겠다고 하면 민원이 엄청나게 들어옵니다. 결국 학교는 오직 자율 학습만 가능합니다. 공부하라는 강요는 오직 학원에서만 가능한 다소 이상한 세상이 되어버렸습니다.

공부를 할 수밖에 없도록 철저히 교육받은 최상위권 학생들을 제외하면 대부분의 학생들은 여전히 학생이기 때문에, 자신의 의지보다는 주변의 분위기에 더 영향을 받는 편입니다. 친구에게 영향 받고, 상황과 사건에 영향을 받고, 그러다보니 상황이 바뀌면 공부 패턴이나 의지가 달라집니다. 억지로라도 아침에 일어나 등교하고, 조금은 해야 할 것 같은 상황에 있던 상당수의 학생들이 코로나19라는 상황에서 자신의 패턴을 무너뜨리게 되는 결과로 나타나고 있습니다. 늦게 일어나고, 밤늦게 휴대폰으로 노트북으로 영화보고 게임을 해도 간섭할 사람이 없다는 것, 그런 생활 패턴이 공부를 쉽게 포기하게 만듭니다. 그 상황에 대한 불만을 토로하는 학부모와의 다툼, 그리고 냉전의 악순환이 반복되고 있는 것이죠.

심리적인 것도 많이 작용합니다. '자존감의 격차'를 만들어내는 시대인데, 높은 자존감을 가진 학생과 낮은 자존감을 가진 학생은 대체로 성적 차이가 나는 편이라는 통계도 나오고 있습니다. 낮은 자존감을 가지게 된 학생은 공부를 쉽게 포기하는 경향이 강한 편인데, '아무리 해도 안 된다'는 인식이 강하게 자리 잡고 있어서 때로는 회복한다는 것이 지나치게 어렵게 느껴지기도 합니다. '내가 공부한다고 성적이 달라질까?'라는 생각이 지배적이고 부분이 심리적으로 매우 강력한 학습의 방어 요인으로 작용하게 됩니다. 학생들의 표현대로라면 '이번 생은 망쳤다'입니다.

그렇기 때문에, 어떻게 공부하는 학생을 만들 것인가에 대해서는 다양한 방법이 존재할 수밖에 없습니다. 방향을 정확하게 제시하는 것은 부모의 중요한 역할입니다. 대체로 자녀는, 내가 원하는 것만큼 충분히 해내지는 못할 것입니다. 이것은 자녀의 성취 기준이 높아도 동일합니다. 능력이 있는 학생들에게는 보다 높은 수준을 요구하는 것이 '부모'니까요.

그래서 부모님들이 가져야 할 가장 중요한 점은 '학생의 역량'을 제대로 파악하는 것입니다. 더불어 그 상태가 현실임을 "인정"하는 것이 필요합니다. 인정하는 것은 정말 쉽지 않지만, 그것을 인정하지 않으면 공부 전략을 제대로 만들 수가 없습니다. 제대로 된 전략이 없으면 실패를 반복할 수밖에 없는데, 이 실패는 자녀의 인생이 걸려 있다는 점에서 더욱 해서는 안 되는 실패입니다. 그러니 현실을 인정합시다. 2,000만 원을 들인 수학 성적이 왜 저 상태인지를 고민할 때 길이 보이기 시작할 것입니다.

현실에 대한 인정이 되었다면, 기대치를 이루기 위해 부모님이 무엇을 할 수 있는지를 생각해야 합니다. 프로 학생러를 대하는 우리의 자세는 당연히 '프로 부모러'여야 합니다. 어설픈 아마추어 부모가 아니라, 전문가로서의 부모 역할을 해야 한다는 것이죠. 전문가가 되기 위해서 지금 당장 필요한 것은 당연히 공부입니다. 즉, 지금 부모님이 '공부하라'고 소리치고, 짜증내고, 윽박지르는 것은 스스로 초보임을 인정하는 것입니다. 그만큼 실패의 가능성이 높습니다. 부모님의 공부가 보다 나은 학생을 만들 수 있는 길이 될 수 있습니다.

부모님들의 세대는 '듣는' 공부의 시대입니다. 지식이 부족하고 공부가 부족한 시대였기에, 많이 아는 것이 필요했고 그래서 끝없이 듣는 것에 목말라 했습니다. 듣고, 알면 시험을 잘 칠 수 있었던 시대고 대체로 많은 들은 학생들이 더 나은 결과를 만들기도 했습니다. 하지만, 지금 학생들이 살아가는 세상은 정보가 넘쳐나는 세상입니다. 무수히 많은 진짜, 가짜 정보들이 넘쳐나는 세상에서 '듣는' 공부는 의미가 없습니다. 들어야 할 것이 너무 많고, 봐야 할 것이 너무 많기 때문이죠. 학생들은 무수히 많은 정보들을 듣고, 봅니다. 그리고 그 정보를 감당할 수가 없기 때문에 빠르게 흘려버립니다. 학생들에게는 인터넷 강의를 듣는 것도, 학교와 학원 수업을 듣는 것도 그 연장선상에 있습니다. 제대로 듣고 있다고 보기 어려운 거죠. **결국 지금 학생들에게 필요한 것은 정보와 지식을 자신의 것으로 만드는 과정입니다. 듣는 공부가 아니라 '하는' 공부가 필요하다는 말입니다.**

가장 추천하고 싶은 방법을 하나 알려드리겠습니다. 일주일에 한 번 가족이 독서 하는 시간을 만들어보세요. 시간이나 횟수는 많을수록 좋겠지만 학생도 바쁘고 학부모님들도 바쁘실 테니, 최소 한 번 이상을 추천합니다. 이때 중요한 것은 이 시간을 최대한 지키려고 노력하셔야 한다는 점입니다. 이런저런 이유로 빠지기 시작하는 순간 학생들도 빠져도 될 시간이 되고, 결국은 흐지부지 끝나게 될 것입니다. **그러니 '절대 양보할 수 없는 시간'을 만들어주세요.** 학생들에게는 이 부분이 매우 중요합니다. 반드시 해야 할 일이 있고, 반드시 지켜야 할 것이 있다는 것을 체험할 수 있도록 만들어주면 학생들에게도 삶의 규모가 생기게 됩니다. 그러니 이제부터 그 시간을 만들고, 가족들이 하나의 책을 읽어봅시다. 이 시간이 진정한 투자의 시간입니다. 같은 책을, 동일한 시간에 읽고, 이야기를 나누는 것. 이렇게 진행하다보면 나름 노하우가 생기게 되는데, 일단 같이 윤독을 하는 것도 좋고, 해당 부분을 따로 읽어가는 시간이어도 좋습니다. 다만, 다음 모임에서 읽을 파트는 정해야겠죠? 당연히 한 주간 동안 읽어야 할 분량이 정해지게 됩니다. 1시간 정도 책을 "같이" 읽고, 책의 내용에 대한 이야기를 풀어 가시면 됩니다.

더욱 훌륭한 부모의 역할을 감당하고 싶다면 미리 읽고, 질문할 것을 준비하시는 방법을 추천합니다. 여기서 한 가지, 절대 하지 말아야 할 것이 있습니다. 부모님들은 대체로 학생의 학업에 대해 과도한 몰입을 하고 있기 때문에 책을 읽는 모든 과정도 자꾸 공부로 연결시키려고 합니다. 그러다보니 어떤 책을 읽더라도 자꾸 공부 이야기를 하게 됩니다. 그러면 이 시간은 '실패의 시간'이 됩니다. 어떤 경우에도 공부와 연결시키지 않는 질문을 만들어 가야 합니다. 이 부분이 문제의 핵심 포인트입니다. 그냥 다양한 이야깃거리, 소재를 만드시고, 궁금한 것을 적극적으로 학생에게 물어봐 주세요. 학생이 잘 알고 있는 영역이 있다면, 그 부분을 극대화시키는 과정을 통해 학생의 역량이 키워지고, 진로가 만들어지게 됩니다.

쉽게 생각해보면 대학은 학생이 가지고 있는 약점에 크게 관심을 갖지 않습니다. 결국 관심을 가지는 것은 '강점'입니다. 어떤 영역을 잘 알고, 어떤 영역에서 우수함을 드러내는지를 보는 것이죠. 그러니 그 강점 영역을 강화해가는 것이 필요합니다. 학생을 그 분야의 전문가로 만들어가는 과정을 통해서 학생은 매우 높은 자존감을 가지게 될 것이고, 이것은 공부로 자연스럽게 이어지게 됩니다. 앞서 언급한 것처럼 학생부 종합 전형을 매우 적극적으로 준비

할 수 있는 능력을 키우게 되는 것이죠.

지금 어떤 꿈과 진로를 확정지을 필요는 없습니다. 당연하게 그 진로는 언제든 바뀔 수 있는 거니까요. 대학가서도 진로를 바꾸고, 복수 전공을 하고, 다중 전공을 고민하는 세상입니다. 하나의 꿈과 하나의 진로를 강요하는 것도 현 시대에는 정답이 될 수 없습니다. 우리에게 필요한 것은 이 학생이 집중할 수 있는 진로입니다. 그 속에서 자신만의 길을 찾을 수 있도록 동기를 부여할 수 있는 진로를 만들어가는 작업인 셈이죠.

대학이 요구하는 것은 그 학과에 해당하는 역량이라기보다는 대학에서 스스로 공부를 할 수 있는 역량입니다. 그러니 특정 분야에서 자신만의 우수함을 만들어가는 흔적이 우수함의 기준이 되곤 합니다. 그 '우수함의 흔적'을 만들기 위해서 같이 읽고, 같이 고민하고, 같이 생각하는 과정이 필요한 것입니다.

이 과정을 이해하면 학생들이 책을 읽기 시작하는 모습을 볼 수 있게 됩니다. 부모님이 궁금한 것, 강요된 공부가 아닌, 자신만의 공부를 하기 시작할 것입니다. 그렇게 궁금한 것이 많아지게 되면 학생은 자신의 궁금증을 해결하기 위해 책을 선택하게 됩니다. 그리고 보다 적극적으로 질문을 하게 되죠. 더 많은 책을 읽게 되고, 더 전문적인 자료들을 찾아보게 됩니다. 바람직하고 올바른 진정한 공부의 출발점이라고 할 수 있습니다.

CHAPTER 02

공부하는 아이로 만드는 필승 전략 3가지

공부하는 아이를 만들기 위한 필승 전략 첫 번째는 스스로 할 수 있도록 만드는 것입니다. 말은 참 쉽지만, 정말 어려운 이야기죠. 하지만 부모이기에, 또 교사이기에 또 반드시 방향을 잡고 해내야만 하는 일이기도 합니다. 학교 현장에서 지도하는 학생들의 거의 대부분은 목표나 방향을 설정하지 못하고 있습니다. 중요한 것은 방향을 잡기만 하면 대체로 학생들이 길을 찾기 시작한다는 점입니다. 그러니 공부하는 아이들을 만들기 위한 첫 번째 전략은 앞서 말했듯이 항상 '궁금한 것'을 찾아내도록 하는 것입니다. 특히, 부모에 의해 강요된 궁금함 말고, 학생 스스로 찾아낸 궁금함이 가장 중요합니다.

근래의 학생들은 어릴 때부터 무언가를 알고 싶다

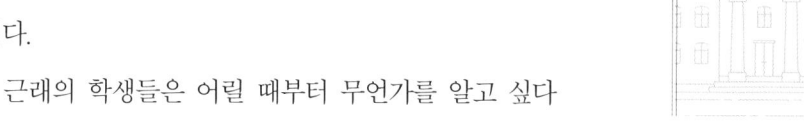

는 생각을 하지 못했습니다. 무언가를 궁금해 하기 전에 이미 부모가 '부족한 부분'을 채워줬고, 그러니 항상 갖춰진 상태를 정상으로 이해합니다. 거의 모든 것이 채워진 상태로 어린 시절을 보내다보니 학생들에게 가장 부족한 것이 역설적이게도 '결핍의 감정'입니다. 부족함과 불편함은 그것을 해결하기 위한 무수히 많은 질문들을 만들어 내게 되는데, 현재의 중고등학생들은 이 질문의 힘이 매우 부족한 상태입니다. 그 질문의 힘을 알게 해주는 것이 '자기 주도적 학습'의 핵심입니다. 자신이 접하는 모든 것에 대한 질문들이 학습의 출발점이기도 합니다. 앞서 언급한 것처럼 듣는 공부, 혹은 보는 공부에서 직접 '하는 공부'로 바뀌게 되는 것이죠.

우리 아이들은 어릴 때, 그 유명했던 '학습 만화' 때문에 모든 질문들을 강제적 차단당한 세대입니다. 자신이 무언가를 질문하기 전에 이미 그 질문이 책으로 나와 있었고, 심지어 책장에 그 책들이 전집으로 꽂혀 있었습니다. 아이들이 스스로 공부를 안하는 이유는 여러 가지가 있겠지만, 가장 큰 부분은 '흥미'를 잃었기 때문입니다. 결국 자기 주도적으로 공부하는 학생을 만드는 가장 중요한 방법은 학생이 관심 있는 분야에 대한 궁금증을 최대한 끄집어 내도록 유도하는 기술입니다. 정말 어려운 일이지만 이러한 기술의 첫 번째 전제조건은 '절대 화를 내지 않는 것'입니다. 특히, 이 기술을 사용해야 하는 주체가 부모님이라면 정말 어려울 것이라고 생각합니다. 그럼에도 절대적으로 불가능한 것은 아니라고 강조하고 싶습니다.

저는 '무한정의 질문'을 쏟아내고 답을 찾아오도록 합니다. 이때 주의해야 할 것은 당연히 '학생이 진짜로 관심 있는 분야'여야 합니다. 대체로 그 분야는 게임, 아이돌, 유튜브 등입니다. 어떤 영역이든 공부를 시작한 학생들은 대체로 다른 영역의 공부에 대한 거부감이 현격히 줄어듭니다. 지식을 쌓아가는 것의 즐거움을 어느 정도 알게 되기 때문입니다. 현재의 학생들은 지식을 쌓기 보다는 그냥 '즐기고' 있는 형태가 많습니다. 그 즐기는 것의 깊이를 만들어주는 것이 우리의 역할이자 핵심입니다. 그러니 같이 즐겨주세요. 그리고 그 속에서 하나의 질문들을 찾아가면 됩니다. **자녀의 학습 습관이 한 번에 고쳐질 거라는 기대를 하면 반드시 실패합니다.** 차분히 하나씩, 질문을 던져가는 것이 공부하는 학생으로 만드는 최선의 방법이 될 것입니다.

두 번째는 시간 관리입니다. 공부하는 학생의 가장 중요한 특징은 바로 시간 관리가 된다는 점입니다. 단순하게 초등학교 때의 계획표 같은 콘셉트를 생각하지 마시고, 보다 수준 높은 시간 관리를 어떻게 해낼 것이냐를 함께 고민해야 합니다. 사실, 첫 번째 문제가 해결되면 자연스레 해결되는 부분이긴 하지만, 이 시간 관리도 꾸준한 연습이 필요합니다. 공부를 막 시작하려는 하는 자녀에게 하루 종일 공부만하는 모습을 기대하는 것은 매우 부적절한 일입니다. 그러니 '핵심적 시간'에 대한 시간 관리의 노하우를 실수와 실패를 거듭하면서 익히도록 해야 합니다.

세 번째는 학습 습관과 관련된 부분입니다. 부모의 입장에서는 항상 '예습'이 중요하다고 생각하고, 자꾸 '선행'에 대한 욕망을 보입니다. 대체로 공부를 어느 정도하거나, 혹은 이제 막 공부를 시작하는 학생들에게 거는 기댓값이 높을수록 더 집요한 욕망을 보이는 편이죠. 하지만, 이제 공부를 시작하는 학생들에게 선행은 너무나 가혹한 이야기입니다. 공부 의지를 절대적으로 꺾고, 열의를 무디게 만드는 것이지요. 그러니 여기서도 방법을 바꾸셔야 합니다.

실제 중학생 학부모를 만나면 대체로 고등학교 수학을 '2~3번 돌렸다'라고 표현합니다. 학원에서 이미 선행을 엄청 많이 했다는 뜻이죠. 그런데 심각한 문제가 있습니다. **그런 학생들이 고등학교에 진학해서 수학 성적이 제대로 나오지 않는다는 겁니다. 왜일까요?** 이유는 단순합니다. 그냥 학원을 열심히 다니기만 했기 때문입니다. 배운 내용을 자신의 것으로 만드는 과정이 전무했으니까요.

공부의 핵심, 자기 주도적 공부의 핵심은 '복습'에 있습니다. 배운 내용을 '자신의 것으로 만드는 과정'이 핵심입니다. 듣고 보는 강의에 익숙한 학생들이, 마치 들은 내용을 다 아는 것처럼 말하는 경우가 있습니다. 정확히 확인할 수 있는 방법은 내용을 설명 가능한지 체크해 보면 됩니다. 집에 큰 화이트보드를 준비하시고, 그날 공부한 것을 설명하게 하는 것도 좋은 학습법입니다. 가족들이 정해진 시간에 모여서 각자 무언가를 발표하는 것도 매우 좋은 경험일 수 있습니다. 부모님은 최근에 읽었던 책이나 업무에 대한 것을 짧게 프레젠테이션하고, 학생들은 자신이 공부한 내용을 정리해서 짧게 프레젠테이션을 하는 방법이죠. 가족이 공유하는 이 시간을 통해 남다른 성장이 이루어지게 될 겁니다. 이 과정을 통해서 학생은 자연스럽게 학생부 종합 전형을 준비하는 역량도 키울 수 있습니다.

학생들의 학습 습관에서 복습의 중요성은 이미 강조했으니 방법적인 측면을 조언해드리자면, 강의 1시간을 기준으로 생각할 때, 예습 30분, 강의 1시간, 복습 2시간이 가장 기본적인 패턴입니다. 학원 강의이든, 학교 수업이든, 인터넷 강의이든 하나의 강의를 자신의 것으로 소화하는데 최소한으로 필요한 시간이 2시간 정도입니다. 그러니 복습 중심으로 공부 계획을 짜는 것을 권해드립니다. 복습을 통해 학생은 '아는 것의 즐거움'을 경험하게 될 것이고, 이것이 지속적인 공부의 동력이 됩니다. 출발은 당연히 학생이 가장 선호하는 과목으로 하셔야 합니다.

더불어 학생들이 보는 인터넷 강의는 반드시 한 번 같이 들어보셔야 합니다. 아마 매우 충격적일 수 있습니다. 유명하다고, 혹은 잘 가르친다고 하는 강의의 상당수는 '강의'보다는 '재미'에 집중하는 경우들이 많습니다. 그래서 아이들은 인강이 재밌다고 말합니다. 사실 진짜 재밌는 인강이 많습니다. 그러나 시간대비 실질적인 성적 상승은 잘 이뤄지지 않는 경우가 많습니다. 학생들은 학습 내용보다는 그 재밌는 사실만 기억하는 경우들이 많으니 주의가 필요한 부분입니다.

CHAPTER 3

어디로 가야할까?
중·고등학교, 선택의 기술

입시 전문가로 전국을 돌아다니며 강의를 진행하다보면 정말 많은 질문을 받게 됩니다. 그 중 중학생 학부모님께 가장 많이 듣는 질문은 '어느 고등학교를 진학해야 하는지'에 대한 것입니다. 정말 많은 대답이 가능하지만, 핵심은 생각 외로 단순합니다. 고등학교의 선택기준은 크게 두 가지의 길이 가능합니다. 당연히 가장 중요한 것은 학생의 성향입니다. 개별 학생이 어떤 성향을 가지고 있는지를 면밀히 분석해보시면 정답이 나옵니다. 이때, 부모님이 기대하는 것 말고 학생의 성향을 보다 객관적으로 파악하는 것이 실패를 막는 중요한 방법입니다.

선택의 기준은 '용꼬리 전략'과 '뱀머리 전략'입니다. 어떤 이야기인지 감이 잡히시죠? 우수한 고교에 진학해서 자신의 역량을 펼칠 것인지, 아니면 평범한 고교에 진학에서 자신의 역량을 펼친 것인지의 차이입니다. 물론 가장 좋은 것은 당연히 용머리 전략입니다. 하지만, 쉽지 않다는 점을 이해하셔야 합니다. 이른바 우수한 고교는 여러 유형들이 존재하지만, 대체로 중학교에서 우수한 내신 역량을 보인 학생들이 지원을 합니다. 결국 고교에 진학해서는 우수한 학생들끼리 경쟁하게 되고 대체로 열심히 하려는 학생들이 많습니다. 그리고 기본적으로 상대평가이기 때문에 그 우수함 여부에 상관없이 1~9등급이 부여됩니다. 지원을 할 때는 당연히 우수한 내신을 받을 것으로 기대하고 지원을 하지만, 현실은 그리 녹록지 않다는 점이 문제입니다. 그래서 생각보다 많은 전학이 발생합니다.

그럼, 어떤 학생이 용꼬리 전략에 적합할까요? 특정한 유형을 정하는 것은 사실 크게 의미가 없긴 합니다. 특정 우수함을 가진 학생은 어떤 고교를 진학하더라도 그 우수함을 보이기 마련이기 때문입니다. 다만, 그럼에도 학부모들의 고민하는 부분을 해결하기 위해서는 어느 정도의 성향을 제시하는 것도 의미가 있을 듯합니다.

지극히 개인적인 의견이지만, 용꼬리 전략은 대체로 도전 의식이 강한 학생에게 유리합니다. 도전 의식이 강하고, 어느 정도의 경쟁심을 갖춘 학생에게 다소 유리하게 작용하는 경향을 보입니다. 이런 유형의 학생들은 대체로 자존감이 강하고, 더불어 멘탈도 강한 면모를 보입니다. 특정 분야에 대한 몰입도가 강한 학생도 용꼬리 전략을 소화하기에 유리한 면모를 가집니다. 개별 학교에서 다양한 프로그램에 적극적으로 도전하면서 자신만의 길을 만들어야 하고, 치열한 내신 경쟁을 치러야 한다는 점을 고려하면 방향이 잡힐 듯합니다.

뱀머리 전략을 추천하는 학생은 대체로 전폭적 지지에 강한 학생들입니다. 교사와의 관계가 잘 형성되고, 주변의 평판에 많은 영향을 받는 경향이 있는 학생들, 더불어 어디든 리더가 되고 싶은 성향이 강한 학생들에게 추천하는 편입니다. 당연히 확정적인 것은 아닙니다. 대체로 그런 성향의 학생들이 각각의 전략에 강한 면모를 보인다는 정도입니다. 실제로는 특성이 긍정적으로 작용할 때와 부정적으로 작용할 때가 다르게 나타나는 편입니다. 예를 들어 '분위기에 잘 휩쓸리는 학생'은 '학업 분위기'에 잘 적응할 수도 있는 특성이지만, '노는 분위기'에 잘 편승할 수도 있다는 말이지요. 그래서 개별 학생의 성향을 토대로 고교 선택의 판단을 내리는 것이 무척 중요합니다. 분명히 우수한 학생인데, 자신보다 더 우수한 학생들 사이에서 자괴감으로 무너지는 학생들도 있습니다.

다음으로 고려해야 할 것은 해당 고교의 장단점을 비교해보는 것입니다. 개별 고교의 홈페이지를 참고하면 충분한 자료들을 확보할 수 있습니다. 치열한 내신과 상대적으로 수월한 내신, 다양한 교내 프로그램과 다소 부족해 보이는 프로그램을 비교하는 것도 중요하지만, 2015 개정교육과정에서 **가장 중요한 요소 중의 하나는 바로 '선택 과목'입니다.** 앞서 언급한 바와 같이 선택과목에 대한 대학의 관점을 이해한다면 고교 선택에서 중요하다는 점을 이해할 수 있을 듯합니다. 개별 학생이 선택할 수 있는 과목이 어느 정도 개설되는지를 확인하는 단계는 반드시 필요합니다. 이 과정에서 자연스럽게 개별고교의 학교 홈페이지에서 탑재되는 학교 교육 계획을 확인하면 어느 정도 고교에 대한 파악이 가능할 것으로 생각됩니다.

마지막으로 중학생이긴 하지만 개별 학생이 대학을 진학할 때 어떤 전형을 주력 전형으로 활용할 계획인지 미리 결정하면 좋습니다. 개별 고교의 진학 성적은 정시와 수시의 결과입니다. 즉, **개별 고교가 어느 전형에 강점을 가지는지를 확인해서 자녀의 강점과 매칭이 되는지를 고려해야 합니다.** 앞서 언급한 바와 같이 중학생이 대학을 진학할 수 있는 전형은 크게 수능 중심의 정시 전형, 내신 중심의 학생부 교과, 학생에 대한 종합적 판단을 전제로 하는 학생부 종합 전형이 있습니다. 자녀에게 맞는 전형을 적극적으로 설정하면 보다 쉽게 고교를 선택할 수 있게 될 것입니다.

고교를 선택할 때, 최악의 케이스는 '진학 성적'만 보는 경우입니다. 좋은 대학을 많이 보냈다는 사실이 나의 자녀가 좋은 대학을 갈 수 있다는 의미가 아닙니다. 여기서 조금 심각한 오해가 생깁니다. 진학 성적이 좋은 고교를 진학하면, 좋은 대학을 갈 수 있는 가능성이 높을 것이라는 막연한 기대. 이 기대가 학생의 입시 전략을 망치는 가장 대표적인 실수입니다. 좋은 대학을 많이 보내는 고교, 상위권 대학 진학 실적이 좋고 서울대를 많이 보내는 고교를 다니는 것이 학부모의 자랑이 될 수는 있지만, 자녀의 대학 입시가 그것으로 결정되는 것이 아니라는 점을 반드시 고려해야 의미 있는 선택을 할 수 있습니다.

CHAPTER 04

대학을 한 단계
업그레이드 시키는 치트키!
독서

책, 책, 책, 책을 읽읍시다!

독서는 학생의 역량을 측정하는 매우 중요한 수단이 되고, 실제로 역량이 있는 학생들은 의미 있는 독서의 비율이 월등히 높습니다. 결국 대학이 원하는 우수한 학생은 주도적으로 자신의 궁금증을 해결한 학생들입니다. 서울대는 이것을 '지적 호기심을 가지고 지적 성취를 이룬 학생'이라고 표현합니다. 그러니 우리 학생들이 지적 호기심을 가지고, 자신의 호기심을 풀어가는 과정을 독서로 보여주는 것이 무엇보다 중요합니다.

입시 전문가로 활동을 하지만, 근무하는 학교에서는 여러 교내 프로그램을 많이 운영하고 있습니다. 다양한 프로그램을 운영하고 있지만, 핵심은 '독서'에 있습니다. 어떻게 하면 책을 보다 의미 있게 읽을 수 있을까를 고민하면서 답을 찾아가고 있는 셈이죠. 모든 프로그램의 가장 기본적이고, 근본적인 문장이 하나 있습니다. 독서를 하는 이유이기도 한 문장이죠.

"모든 질문은 선하다"

독서를 하는 가장 궁극적인 이유는 결국 학생 '성장'에 있습니다. 성장을 위해서는 끊임없이 궁금해 하고, 그 궁금증을 해결하는 과정을 토대로 최종적으로는 그 궁금증을 '진화'시키는 것입니다. 학교에서 기획하고 진행하는 모든 학교 프로그램의 모토입니다.

가장 대표적인 프로그램은 '지식인의 서재'라는 프로그램입니다. 많은 고교에서 운영하고 있는 일종의 명사 특강 프로그램입니다. 다만, **이 프로그램이 특별한 이유는 특강이 정해지면 특강을 준비하기 위한 사전 세미나 활동이 4주간 진행된다는 점입니다.** 초청되는 '지식인'의 책을 철저하게 분석하는 기간이죠. 세미나를 진행하는 동안 학생들은 해당 책과 유사한 책, 그리고 반대 의견을 제시하는 책을 모두 읽고 세미나에 참여해야 합니다. 그리고 최종적으로는 특강에서 '지식인'에게 질문할 질문들을 선별합니다. 기본적인 질문들은 대체로 세미나의 과정에서 학생들끼리 주고받는 질문에 의해 답변이 이뤄집니다. 그러니 '선별된 질문'의 수준은 매우 높은 수준일 수밖에 없습니다.

사전 세미나를 통해 실시간으로 학생들이 성장하는 모습을 볼 수 있고, 특강 이후에는 '사후 세미나'가 2주에 걸쳐 진행됩니다. 사후 세미나에서는 특강에서 이뤄진 질문에 대한 답변을 중심으로 매우 거친 토론이 이뤄집니다. 결국 하나의 특강을 진행하게 되면 최소한 3권 이상의 책을 읽게 되는 셈입니다. 반론과 반론을 거치면서 질문은 갈수록 날카로워지고, 정교해집니다. 그만큼 학생들은 성장하고 발전할 수 있습니다.

독서의 중요성은 아무리 강조해도 지나침이 없는데, 문제는 제대로 독서를 하는 학생이 그리 많지 않다는 사실입니다. 대체로 강요되고 강제된 독서가 지배적이기 때문입니다. 그러다보니 의례적으로 책을 읽는 학생들이 많습니다. 공부하는 척의 연장선으로 이해하시면 됩니다. 이제는 읽는 척 하는 거죠. 실제로 대다수의 학생들이 이 읽는 척을 매우 잘 합니다. 상담을 진행하면 학부모에게 제일 많이 듣는 말은 '초등학생 때는 혹은 중학생 때는 공부도 잘하고, 책도 엄청 많이 읽는 학생'이었다고 말합니다. **이때의 고민은 대체로 '책을 많이 읽는데, 공부를 못해요'입니다.** 이런 상황은 안타깝게도 부모님이 학생을 제대로 파악하지 못하기 때문에 벌어집니다. 바로 독서하는 척 하는 학생에게 속은 것입니다. 결국 책을 많이 읽는데 공부를 못한다는 말은 운동을 열심히 했는데 근육이 안생긴다는 말과 같은 말이 됩니다. 왜 근육이 안 생길까요? 운동을 제대로 하지 않고, 운동하는 척만 했으니까요.

제대로 된 독서를 하기 위해서 반드시 필요한 것은 '사고'의 과정입니다. 학생들의 독서에는 이 사고의 과정이 생략되어 있습니다. 그냥 많이 읽으면 된다고 생각하기 때문이죠. 절대로 아닙니다. 한 권을 읽더라도 '사고의 과정'을 제대로 거친다면 엄청난 성장을 이룰 수 있습니다. 문장을 읽고, 그 문장의 의미를 파악하고, 자신을 대입해보고, 문장과 문장 사이의 빈 칸에 자신의 감정을 녹여보고, 책 속 상황에 대한 깊은 사색을 통해 저자가 의도한 것보다 더 깊은 것을 찾아내는 것이 진정한 독서인 셈이죠. 그러니 '책을 읽읍시다' **그리고 더 간절히 '제대로' 읽어낼 수 있도록 방향을 잡아 줘야 합니다.**

제가 독서의 중요성을 강조하면 학부모님과 선생님은 '다독'을 강조하고, 어려운 책을 강요합니다. 아닙니다. 초보 독서가의 길을 걸어가야 하는 학생에게 수준 이상의 책은 반드시 '읽는 척'으로 이어지게 됩니다. 그러니 초보 독서가의 수준에서 즐겁게 접근할 수 있도록 책을 정하는 것이 중요합니다. 책을 반드시 읽어야만 하는 의무로 규정하는 순간 **학생들은 읽는 척 모드로 들어간다는 점**을 꼭 기억하시고 접근합시다. 책을 읽기 시작하는 것도 엄청난 결단이 필요하지만, 아시는 것처럼 시작하는 것만으로는 언제든 실패하게 됩니다. 어떻게 책 읽기를 지속시킬 것이냐를 고민해야 하죠. 지속적인 독서, 초보 독서가를 넘어서는 '프로 독서가'로 가는 길의 핵심은 많은 경우가 즐거움에 있는 것 같습니다. 그러니 시작할 때부터 즐거움을 찾을 수 있도록 길을 만들어주는 것이 중요합니다. 즐거움을 위해서 어떤 책을 골라야 하는지는 뒤이어 설명하도록 하겠습니다.

우수한 학생을 선발해야 하는 대학의 입장에서는 학생의 우수함을 표현하는 대표적인 영역이 독서일 수밖에 없습니다. 그래서 고등학생은 책을 통한 간접 경험으로 성장하는 모습을 보이는 것이 중요합니다. 결국 독서는 학생이 지원할 대학을 마냥 업그레이드시킬 수 있는 치트키인 셈이죠. 다만, 무조건 책을 읽는다고 해결되는 것이 아니라는 점은 이제 이해가 되시죠? 독서에도 제대로 된 전략이 필요합니다. 이 전략의 핵심은 "꼬꼬독"입니다. '꼬리에 꼬리를 무는 독서'를 의미하는 꼬꼬독은 학종을 준비하는 학생들을 위한 핵심 전략이 됩니다. 자신이 가진 지적 호기심을 확산시키고, 수렴시키는 과정을 보여줄 수 있는 것이 바로 꼬꼬독이니까요. 경험해보셨죠? 하나의 궁금증은 또다른 궁금증을 유발합니다.

즉, 책을 읽다보면 다양한 궁금증이 확산될 수밖에 없습니다. 그 궁금함을 독서를 통해 확장시켜 가는 방법이 꼬꼬독인 셈이죠. 여기서 중요한 점은 책을 읽고, 의문점을 가져야 한다는 점입니다. 앞서 언급한 것처럼 책을 읽으면서 사고의 과정을 거쳐야만 궁금함이 생기게 됩니다. 그 궁금증을 그냥 넘기면, 평범한 학생이 되는 것이고, 그 궁금증을 풀기 위해 다른 책들을 찾기 시작하면 대학이 원하는 '자기 주도적인 우수한 학생'이 되는 것입니다. 자신의 궁금증을 수업과 독서로 풀어가는 과정을 보여주는 것이 가장 완벽한 학생부 기록입니다. 그럼, 무궁무진한 독서의 전략을 한번 살펴보겠습니다.

어떤 책을 읽어야 할까? '합격하는 책' 고르는 노하우

Q   쌤, 대학 가고 싶어요. 어떤 책을 읽어야 할까요?

입시큐레이터 선생님   어떤 책을 선택하느냐하면 때로 큰 책이 좋기도 하고, 어떤 때는 알록달록한 책이 별로 이기도 하고, 그날의 컨디션에 따라 노란색이 끌리기도 하고, 제목이 그냥 맘에 들기도 하고, 알쏭달쏭한 기하학적 무늬의 책이 눈에 들어오기도 해. 그럼 골라.

학생   쌤! 그거 너무 막 고르는 거잖아요.

베스트셀러는 '잘 팔리는 책'이지 좋은 책을 의미하는 것은 아닙니다. 독서의 목적에 따라 다르겠지만 어떤 개인에게는 베스트셀러가 좋은 책이 될 수도 있고, 그저 그런 책이 될 수도 있습니다. 특히나 고등학생에게 대체로 베스트셀러가 독이 될 수도 있습니다. 그렇기 때문에 도서의 선택 기준이 베스트셀러가 되어서는 안 됩니다.

학생들에게 꼭 필요한 책의 선택 기준은 '이 책을 통해 나의 궁금증을 해결할 수 있느냐'입니다. 베스트셀러는 다수의 사람들이 선택한 것이고, 그것은 다수의 취향을 만족시킬 수 있다는 공통점이 있습니다. 그러나 학생들의 경우, 본인의 관심사를 확장하고 궁금증을 갖기 위해 필요한 것을 책을 통해 채워 나가야 합니다. 그렇기 때문에 모두가 선택하는 베스트셀러가 아니라 '나는 그 책을 통해 무엇을 얻을 것인가?'에 따라 선택의 기준이 달라져야 합니다. 본인의 관심사에 따라 만화책을 선택해도 좋고 소설도 좋으며 표지가 예쁜 책도 도움이 될 것입니다.

그렇다면 여기서 질문을 던질 수 있습니다. "그럼 추천 도서 목록은 왜 있나요?" 여기서 우리는 주요 대학들이 추천 도서 목록을 만드는 이유에 대해 살펴볼 필요가 있습니다. '추천 도서'는 진짜 말 그대로 추천 도서입니다. 반드시 읽으라는 뜻이 아니라 이런 책 정도를 읽어줬으면 네가 공부하는데 도움이 될 거야 정도인 것이지요. 그러니 길잡이 정도의 책이라고 생각하면 쉽습니다. 또 추천 도서는 추천하는 사람 혹은 학교의 입장에서도 어느 정도 수준을 고려할 수밖에 없는 면이 있습니다. 결국 읽어야 할 책들이긴 하지만, 그 정도 수준의 책이라면 얼마든지 다른 책을 읽어도 상관없다는 말이기도 합니다. 독서와 관련해서 제가 만든 절대적인 문장이 있습니다.

"독서 목록은 개인의 지식수준을 정확하게 보여준다."

동의가 되시나요? 동의가 되어야만 합니다. 독서목록은 그만큼 중요하기 때문입니다. 그렇다면 좋은 포트폴리오를 만들기 위해 어떤 독서 목록을 만들어야 할까요. 독서할 때 가장 중요한 것은 바로 "꼬꼬독"입니다. 꼬리에 꼬리를 무는 독서가 핵심이라는 뜻입니다. 독서량이 많은 것은 매우 장점이 될 수 있지만, '다독'이 반드시 좋은 것은 아닙니다. 고등학교 시절에 읽을 수 있는 책은 아무래도 한계가 있기 때문에 다독이 중요하다기 보다는 어떤 "라인"을 가지고 읽었는지가 훨씬 중요합니다. 독서 활동의 초기 단계에는 읽는 습관을 위해 무턱대고 많이 읽는 것도 필요하지만, 우리는 이 단계를 뛰어넘어 다음 단계의 독서 습관을 기르기 위해 어떤 라인을 가져야 하는지 차후에 정리해보도록 하고, 여기서는 독서 습관 몇 가지만 이야기 해보겠습니다.

첫 번째, 책을 아까워하면 절대 안 됩니다. 이 책은 아이들과 평생 함께할 책이 아닙니다. 그렇기 때문에 밑줄도 긋고, 중요한 부분에 별표도 치고, 몇 번씩 다시 되새김질 하면서 읽는 연습이 필요합니다. 책 안에 내 생각을 쓰고 정리하는 연습을 반복해야 비로소 나만의 책으로 만들 수 있습니다.

두 번째는 아·깨·독입니다. 아깨독이란 '아침을 깨우는 독서'의 줄임말입니다. 보통 학생들에게 책 언제 읽을래? 라고 물어보면, 잠 자기 전에 혹은 자투리 시간에 읽는다고 대답합니다. 그러나 아침 시간에 책을 읽는 습관을 가지면, 하루 종일 책 내용에 몰두하며 생각하고 곱씹을 수 있습니다. 그러니 가능하면 아침에 읽는 습관을 추천합니다.

세 번째 중요한 팁은 '나만의 리딩 리스트를 만들자'입니다. 학생이 직접 내가 읽고 싶은 책의 리스트를 쭉 적다보면, 내가 진짜 읽고 싶은 책이 보이고, 앞으로 가야하는 방향이 더욱 선명해집니다. 목표가 확실하면 실수나 실패가 적어집니다. 읽고 싶은 책 리스트만으로도 나의 관심사나 목표가 더욱 뚜렷해질 수 있습니다.

마지막 팁은 '한 번 선택한 책은 끝까지 읽자'입니다. 단, 모든 책을 통독할 필요는 없습니다. 자신의 호기심을 풀어줄 책을 처음부터 끝까지 통독을 하는 습관이 중요합니다. 포기하지 않고 끝까지 읽다보면 더 중요한 부분, 더 읽고 싶은 부분이 선명해 질 것입니다. 반대로 이해가 어려웠던 부분은 두 번, 세 번씩 다시 읽으며 지식을 확장시켜나갈 수 있습니다.

CHAPTER 05

입시 성패를 좌우하는
독서 전략

사회 계열

독서는 습관을 만드는 것이 정말 쉽지 않습니다. 특히, 현대 사회처럼 다양한 매체가 발전한 상황에서는 더욱 그러합니다. 하지만 '사고의 과정'을 만들기 위해서 독서만큼 중요한 것은 별로 없어 보입니다. 혼자 독서를 하는 것이 유독 힘든 아이들은 바로 고등학생입니다. 그러니 간곡히 부탁드릴 말씀은 꼭 함께 읽어주세요. 함께의 시간이 멋진 결과를 만들어 낼 것입니다.

하나의 팁을 더 드리자면, 학교에서 선생님과 함께 책을 읽을 수 있는 기회를 만들어 준다면 최상의 효과를 발휘할 것입니다.

지금부터 이야기하는 모든 책은 절대 필독서가 아님

니다. 이런 카테고리의 책을 군이 읽지 않아도 상관없습니다. 다만, 사회·과학계열에서 자신의 꿈을 찾으려는 학생들에게 샘플로 보여주는 도서 리스트이며, 그에 따른 전략입니다.

사회과학 계열을 희망하는 학생들을 위한 독서에서 가장 중요하게 생각하는 것은 "그게 맞아?"입니다. 끝없이 반론을 제기하고, 끝없이 의문을 제기하는 것, 그런 모습을 통해 성장하는 모습이 사회과학 계열에서는 매우 중요합니다.

사회과학 계열을 지원하는 학생들에게 첫 번째로 권하는 책은 유시민의 『청춘의 독서[4]』입니다. 『청춘의 독서』에서 작가는 14권의 고전을 통해 '세상을 바꾼 위대하고 위험한 생각들'에 대해 이야기합니다. 작가가 읽었던 책, 그리고 권하는 책을 읽었으면 하는 바람입니다. '세상이 두려울 때마다 그들에게 길을 물었다'라고 소개되는 이 책을 통해 인문 고전이 가지는 의미를 선명하게 전달해 줍니다. 더불어 책을 읽는 방법을 아주 잘 보여주는 책이라고 할 수 있습니다. 더불어 작가의 다른 책들은 항상 중요한 독서 리스트입니다. 특히 『국가란 무엇인가』는 개인적으로 고등학생들이 반드시 읽었으면 하는 책입니다. 사회과학을 고민하는 학생들이 자신의 고민을 풀어내는 장소로써 국가의 의미에 대해 깊은 고민을 해볼 수 있는 책이기에 큰 도움이 될 수 있습니다.

사회과학 계열 학생들에게 추천하는 두 번째 책은 야마구치 슈

---

4 청춘의 독서(유시민 저), 웅진지식하우스, 2017년

의 『철학은 어떻게 삶의 무기가 되는가[5]』입니다. 살짝 어려운 책이 긴 하지만, 사회과학 계열을 지원하는 학생들이라면 반드시 알고 이해해야 할 가장 기본적인 철학 사상과 사고 50가지를 서술한 책입니다. 이를 통해 철학이 우리 사회에 미친 영향에 대한 깊은 고민을 해볼 수 있습니다. **특히, 이 책은 '철학은 반드시 답을 찾는다'라는 문장으로 유명한 책입니다.** 이 문장이 우리 모두의 삶에 대한 답을 찾아줄 것을 믿으면서 이 책을 꼭 통독으로 읽어보길 추천합니다. 또한 책을 읽고 난 이후에 꼬꼬독을 시작하여 철학적 사고뿐만 아니라 비판적 사고의 방식도 익혀보길 기대합니다.

사회과학의 기본을 이해하기 위한 철학적 사고가 준비되었다면 본격적인 사회과학의 절대적 화두인 "사회 정의"에 대한 고민을 시작해야 합니다.

정의에 관한 책을 학생들에 물으면 백이면 이면 백 모두 『정의란 무엇인가[6]』를 떠올립니다. 하지만 『정의란 무엇인가』는 고등학생이 읽기에는 쉽지 않은 책입니다. 기본적인 정의에 대한 개념을 가지고 있어야 이해되고 습득되는 것이 많기 때문입니다. 그래서 『10대를 위한 정의란 무엇인가』와 같은 쉬운 버전의 책이 나오는 것이죠. 그런 의미에서 정의에 대한 고민을 고등학생이 읽기 쉽게 정리한 책이 있는데, 바로 『호모 저스티스[7]』입니다. 이 책은 '불

---

5 철학은 어떻게 삶의 무기가 되는가(야마구치 슈 저), 다산초당, 2019년
6 정의란 무엇인가(마이클 샌델 저), 와이즈베리, 2014년
7 호모 저스티스(김만권 저), 여문책, 2016년

의의 시대에 필요한 정의의 계보학'이라는 부제를 달고 있는데, 정의의 역사를 이해하기 쉽게 정리하면서 실제 우리나라의 사례에 접목하고 해석했다는 점에서 더욱 추천하고 싶은 책입니다. 이 책을 읽고 나면 아마『정의란 무엇인가』를 조금 더 깊고 수월하게 이해할 수 있을 것입니다.

　정의에 대한 고민을 마무리하며, 정의와 뗄 수 없는 주제 중의 하나인 "자유"에 대한 고민도 함께 공유하는 것이 좋을 것 같습니다. 그래서 추천하는 책은『자유론』입니다. 이 책은 지금까지 추천하고 소개한 책들 가운데서 가장 얇은 책이기도 합니다. 읽기로 작정하면 금방 읽을 수 있는 책이긴 하지만, 그 내용은 매우 심오하고 중요한 책입니다. 출간된 지 160여 년이 지났지만, 이 책은 여전히 우리의 자유에 대해 확실한 인식과 질문을 던진다는 점에서 매우 중요한 책이라고 할 수 있습니다. "**개인의 자유는 자신의 사고와 말, 행위가 다른 사람들을 해치지 않는 모든 범위에서 절대적이다. 국가의 법률이나 일반적인 도덕적 판단은 개인의 자유를 제한해서는 안 된다**"와 같이 오늘날 자본주의의 핵심 개념중의 하나인 자유주의의 오랜 토대가 되는 문장을 전파시키기도 했습니다. 『자유론[8]』의 가장 유명한 구절 중의 하나는 "*온 인류가 한 사람을 제외하고 동일한 의견을 갖고 있고, 오직 한 사람만이 반대 의견을 갖고 있다고 해서, 강제력을 동원하여 그 한 사람을 침묵시키는 것*

---

8 자유론(존 스튜어트 밀 저), 현대지성, 2018년

은 권력을 장악한 한 사람이 강제력을 동원해서 인류 전체를 침묵시키는 것만큼이나 정당하지 못하다."입니다. 자유주의의 핵심 철학자 3명의 책을 함께 읽어가는 것도 매우 유용할 것입니다. 자유주의 1.0 버전인 존 로크의 통치론, 자유주의 2.0버전인 존 스튜어트 밀의 자유론, 20세기에 자유주의의 3.0 버전을 만든 존 롤스의 '정의론'이 그것인데, 엄청 어려운 책이니 3.0 버전은 대학에 가서 기회가 되면 읽어봐도 좋습니다.

우리 사회의 기본 틀을 파악했다면, 지금의 우리에 대한 고민을 이어갈 수 있어야 합니다. 우리 사회의 이해를 위해 추천하는 도서는 미디어 이론가인 마셜 매클루언의 『미디어의 이해[9]』입니다. '인간의 확장' 이라는 부제를 가진 이 책은 워낙에 유명한 고전이긴 하지만, 유명한 고전이 항상 그러하듯 실제로 읽은 사람은 그리 많지 않습니다. 책의 한 구절인 "차는 다리의 확장이며, 옷은 피부의 확장이고, 문자는 시각의 확장" 이라는 문장은 이 책을 대표하는 문장이기도 한데, 현대 사회에서 미디어와 네트워크의 의미를 이해하는데 깊은 공헌을 한 문장입니다. 더불어 이 책이 집필된 시기를 고려하여 읽는다면 저자의 탁월한 안목과 비판적 사고가 만들어내는 결과에 경악하게 될 것입니다. 오늘날 미디어는 일종의 무한 권력입니다. 갈수록 그 권력이 강해지고 있는 현실을 감안할 때, 미디어에 대한 이해는 우리 사회 전반에 대한 깊은 이해를 가능케

---

9 미디어의 이해(허버트 마셜 매클루언 저), 커뮤니케이션북스, 2011년

할 것입니다.

그 밖에 경제학과를 지망한다면 토드 부크홀츠의『죽은 경제학자의 살아있는 아이디어』, 장하준의『나쁜 사마리아인들』, 리처드 탈러의『넛지』와 같은 책들을 통해 자신만의 경제 기반을 만들어 갈 수 있을 거라 생각합니다. 여기서 중요한 것은 언급한 책들이 자신의 지적 호기심에 부합해야 한다는 점입니다. 그 책이 유명해서 읽는 것은 의미가 없습니다. 경제 영역에서 자신의 궁금증을 해결해 가는 과정이 독서로 풀어지는 것이 중요한 포인트입니다. 이런 과정에서 자연스레 심화가 가능해지는 것이죠. 그리고 수업에서, 학교 활동에서, 경제학 영역에서까지 심화된 자신의 역량을 독서로 보여주는 것입니다.

심리학과라면 최인철의『프레임』, 이대열의『지능의 탄생』등의 책들이 도움이 될 수 있습니다.

사회학과라면 리스먼의『고독한 군중』, 지그문트 바우만의『빌려온 시간을 살아가기』, 조한혜정의『선망국의 시간』, 재레드 다이아몬드의『총, 균, 쇠』등의 책을 통해 자신의 능력과 통찰력을 업그레이드 할 수 있습니다. 학과별 추천 도서의 경우에는 다소 어려운 책이 많습니다. 이유는 앞서 언급한 책들을 읽고 난 후에 '전공별' 도서에 접근하는 것이 좋기 때문입니다. 독서에도 수준과 단계가 있다는 점을 이해해 주세요. 운동을 시작하고 바로 100kg의 덤

벨을 들 수는 없다는 것, 아시죠?

공학 계열

사실 공학계열은 워낙 폭이 넓어서 도서를 추천한다는 것이 곤란합니다. 워낙 분야가 방대하고 학과도 종류가 다양하기 때문에 공통 능력을 말하기에 애매한 부분이 있습니다. 그러나 굳이 말하자면 호기심, 상상력 정도가 독서를 통해 발휘되면 좋은 능력일 것 같습니다. '이건 어떻게 작용하지?' 라는 호기심과 남과 다른 것을 볼 수 있는 통찰 능력이 매우 중요한 능력이 된다고 생각합니다.

그런 의미에서 다소 당황스러울 수도 있지만, 공학계열의 학생들에게 꼭 첫 번째로 추천하는 책은 유발 하라리의 『사피엔스[10]』라는 책입니다. 너무나 유명한 책이지만 끝까지 읽은 사람은 많지 않은 책으로도 유명합니다. 600페이지를 훌쩍 넘기는 방대한 분량에 내용도 쉽지 않은 책이기 때문이죠. 저자는 인류의 발전 과정의 결정적인 7가지 촉매제로 '불, 뒷담화, 농업, 신화, 돈, 모순, 과학'을 말합니다. 이 설계를 통해 자신의 이야기를 완성해 가는데, 책을 읽는 와중에 똑똑해짐을 실시간으로 느낄 수 있습니다. 더불어 공학계열의 학생들은 저자의 이 설계에 주목할 필요가 있습니다. 결국

---

10 사피엔스(유발 하라리 저), 김영사, 2015년

저자는 **남과 다른 관점으로 인류 역사를 관통하는 주제를 선정한 것이라는 점을 꼭 기억하면서 책을 읽으면 큰 도움이 될 것입니다.** 더불어 공학이라는 학문 자체가 문제를 발견하고 이에 대한 기술적 해결책을 제시하는 학문입니다. 즉, 공학은 인간의 삶의 질 향상이라는 목표를 가지고 있다는 말입니다. 그래서 인간에 대한 이해가 무엇보다 중요하죠.

공학계열에서 필요한 인간에 대한 이해를 마쳤다면, 이제 본격적으로 공학으로 들어갈 시간입니다. 다음으로 추천하는 책은 『공대생도 잘 모르는 재미있는 공학 이야기[11]』라는 책입니다. 이 책은 이공계 학생들에게 조금 중요한 책이라고 할 수 있습니다. 과학과 공학의 차이점은 뭘까? 라는 어려운 질문에 답을 할 수 있는 책입니다. 이 책의 머리말은 **"과학은 탐구하고 공학은 창조한다."로 시작합니다.** 공학이라는 학문의 특성을 제대로 알려주는 책이며, '공학한다는 것'이 어떤 것인지를 제대로 알려주는 유일무이한 책이라고 할 수 있습니다.

이렇게 공학과 과학, 과학과 공학에 대한 관심이 생겼다면, 헨리 페트로스키의 『공학을 생각한다[12]』라는 책을 통해서 지적인 역량을 강화하는 것이 필요합니다. 과학하기, 공학하기, 연구하기, 개발하기 등 둘의 완벽한 구분과 조화를 통해 학생 스스로가 가야 할

---

11 공대생도 잘 모르는 재미있는 공학 이야기(한화택 저), 플루토, 2017년
12 공학을 생각한다(헨리 페트로스키 저), 반니, 2017년

길이 명확하게 보이기 시작할 것입니다.

　공학 전반에 대한 접근법, 사고방식을 정리했다면, 이제 공학 내의 계열에 대한 고민이 필요한 시간입니다. 그래서 다음 책은 『공학이란 무엇인가[13]』라는 책입니다. 카이스트 교수들이 이야기하는 공학을 쭉 묶어놓은 책인데, 공학 전반의 베이스를 알려주는 책이라고 생각하면 쉽습니다. 거의 모든 공학의 기본 접근서이며, 원자력 공학을 시작으로 생명화학공학까지 총 14가지 영역의 공학을 다루면서 진짜 '공학이란 무엇인가'를 알려주는 책입니다. 이 책은 공학 계열을 생각하는 모든 학생들에게 강력 추천하는 책입니다. 이 책의 가장 큰 장점은 풍부한 꼬꼬독의 길을 열어준다는 것입니다. 관심이 가는 영역에 대해 깊게 탐구해 보고 싶다면 좋은 네비게이터가 될 책입니다.

　다음으로 생각해 볼 책은 조금 독특한 책입니다. 제임스 R 차일스가 쓴 『인간이 초대한 대형참사[14]』라는 책인데, 이 책은 주변에서도 읽은 사람을 찾기가 드문 책입니다. 타이타닉 호, 체르노빌 원전 등 인간과 기계가 만든 50가지의 대형 참사를 통해 공학한다는 것의 중요성을 깊이 고민하게 만드는 책이며, 미래의 엔지니어로서 책임감에 대해서도 깊이 고민해볼 주제가 담겨있어 꼭 추천하

---

13 공학이란 무엇인가(성풍현 외 저), 살림프랜즈, 2013년
14 인간이 초대한 대형참사(제임스 R 차일드 저), 수린재, 2008년

고 싶은 도서입니다.

만약, 공학의 중요성에 대해 깊이 고민하게 된다면 꼭 읽어야 할 책이 있습니다. 바로 공학이 만들 미래에 대한 이야기가 되겠지요. 레이 커즈와일의 『특이점이 온다[15]』라는 책은 기술의 고전이 되고 있는 책이기도 하지만, 기술의 미래에 대한 탁월한 안목을 보여주는 책이기도 합니다. 2007년에 출간된 책이지만 다양한 영역의 기술 발전이 만들 수 있는, 혹은 지금 이뤄지고 있는 기술들을 정확하게 보여주고 있다는 점을 생각하면 무시무시한 책이라고 할 수 있습니다.

공학이 보여주는 미래에 대한 고민은 사실 다양한 영역에서 해석될 수 있습니다. 출발점이 되는 사람 중 한 명이 바로 영국의 천재 수학자인 '앨런 튜링'입니다. 짐 오타비아니가 쓴 『앨런 튜링[16]』은 '생각하는 기계, 인공지능을 처음 생각한 남자' 라는 부제를 가지고 있습니다. 4차 산업 혁명이나 딥러닝 같은 말이 자주 사용되는 현재를 사는 우리들에게 '생각하는 기계'가 있을 수 있다는 주장을 펼친 앨런 튜링의 이야기는 공학자로 살아가길 원하는 학생들에게 무한한 도전을 안겨다 줄 수 있습니다.

마지막으로 추천할 책은 가장 최근에 출간된 책으로 함께 읽고

---

15 특이점이 온다(레이 커즈와일 저), 김영사, 2007년
16 앨런튜링(짐 오타비아니 저), 푸른지식, 2016년

있는『공학의 눈으로 미래를 설계하라[17]』라는 책입니다. 이 책은 다시 현실로 돌아와 우리 주변의 공학에 대해 22명의 대학 교수들이 방향을 제시하는 책입니다. 처음 부분에서 소개했던 '공학이란 무엇인가'의 업그레이드 버전, 혹은 심화판 정도로 접근하면 좋을 것 같습니다.

그밖에 화공생명공학과를 희망한다면『같기도 하고, 아니 같기도 하고』를 꼭 읽어봤으면 합니다.『엔트로피』라는 책도 좋습니다. 그리고 그중에 좀 재미있는 내용이 많이 담겨있는『철없는 전자와 파란만장한 미토콘드리아 그리고 인류씨 이야기』도 읽어보면 좋습니다.

기계공학과라면『나노 기술의 이해』와『노벨상과 수리공』을, 컴퓨터 공학과라면 김대식 저자의『김대식의 인간 vs 기계』,『가장 인간적인 인간』책을 강력 추천합니다. 모든 학생이 의미 있는 독서 리스트를 만들어 원하는 대학에 한 걸음 더 다가가는 시간이 되길 바랍니다. 다시 강조하자면, 앞서 언급한 독서 라인은 저자가 개별 학생을 지도하면서 실제로 진행한 독서 루틴을 보완한 것입니다. 이 루틴을 소화한 학생들은 당연히 자신이 원하는 대학에 진학했습니다. 하지만 그대로 따라 한다고 좋은 결과가 나오지는 않습니다. 핵심은 '나만의 독서 루틴'입니다.

즉, 자신의 호기심을 해결해가는 과정을 독서 목록을 통해 보여

---

17 공학의 눈으로 미래를 설계하라(연세대학교 공과대학 저), 해냄, 2019년

주는 것이죠. 더불어 독서를 통해 얻은 지식과 역량은 수업 중의
질문과 발표로, 자율 활동과 동아리 활동에서 수준 높은 질문과 발
표로 드러나야 합니다.

입시를 위한
최적의 골든타임은?
'방학'

공부의 패턴과 방법은 학생들에 따라 매우 다르게 나타납니다. 시중에 판매되고 있는 '공부법' 관련 책도 엄청나게 많죠. 어떤 학생은 하나의 과목을 오래 붙들고 있어야 공부가 잘되고, 어떤 학생은 여러 과목을 교체하면서 공부할 때 공부가 잘됩니다. 즉 모든 학생의 공부 패턴은 다릅니다.

공부 과목도 비슷하죠. 대체로 학생들은 방학 때 부족한 과목들 중심으로 공부를 하게 됩니다. 바람직한 방법이긴 하지만 모든 과목을 다 잘하는 것은 지나치게 거창한 목표를 잡은 것입니다. 성적 향상에 어려움을 겪는 가장 큰 이유기도 합니다. 이 과목도 잘해야 하고, 저 과목도 잘해야 하고…. 그럴 수 있다면 정말 좋겠지만, 현실적으로는 어렵습니다. 그러니 방학에는 학생이 좋아하는 과목을 확장시켜 복습 또는 예습을 하면 좋습니다.

방학은 '자기 주도적 학습'이 가능한 시간이라는 점에서 입시에서 차지하는 비중이 매우 큽니다. 약점을 보완하고, 강점을 강화할 수 있는 시간이기 때문입니다. 그리고 자신만의 전문 영역을 만들 기회이기 때문에 방학의 활용 가능성은 무궁무진합니다. 그래서 여름 방학, 겨울 방학을 거치면서 학생들이 큰 변화를 경험하는 케이스들도 매우 많습니다. 이런 성장이 가능한 이유는 '자기 공부'를 한 경우들이 대부분입니다. 정확하게는 듣는 공부를 한 것이 아니라, 정말 공부를 했기 때문에 성적이 오르게 되는 것입니다. 방학이라는 시간이 공부하는 학생들에게는 가능성의 시간이지만, 공부를 하지 않는 학생들의 학부모들에겐 정말 힘든 시간이 방학이기도 합니다. 그 고통스러운 경험 때문에 학원에서 운영하는 썸머, 윈터 스쿨을 보내는 학부모들이 많은 것도 사실입니다. 하지만, 그렇게 보내는 것이 성적 향상으로 이어질 것인가에 대한 질문을 던지셔야 합니다. 대체로 '**그거라도 해야 한다**'는 생각을 많이 하면서 보냅니다. 하지만 수학 공부에 쏟아 부었던 시간과 돈을 생각해본다면 연장선상에서 이해할 수 있을 듯합니다. 학생들의 입장에서는 그냥 학교를 다니는 것과 큰 차이가 없습니다. 그래서 대체로 극악의 효율로 나타납니다.

어떻게 방학을 보내는 것이 좋으냐에 대한 질문은 사실 앞서 언급했던 이야기들을 꼼꼼히 생각해보시면 준비해야 할 것이 선명하게 보일 것으로 생각합니다. 수시와 정시, 자신에게 맞는 전형을 선택하고, 그 전형에서 필요로 하는 역량을 갖출 수 있는 완벽한 시기가 방학이라는 점을 다시 한 번 강조 드립니다. 하나의 사례를 통해 어떤 방향으로 공부할 것인지를 고민해보겠습니다.

모든 학문은 연결 고리가 있습니다. 학생들은 과목을 따로 따로 인식하거든요. 그러니 과목 간의 연결 고리를 찾을 생각을 별로 안 합니다. 학부모님들이 그 연결 고리를 찾는 연습을 함께 하신다면 학생은 엄청난 성장을 할 겁니다. 예를 들어 웹툰을 좋아하는 아이라면 같이 웹툰을 보시면서 부모님의 직업과 관련된 이야기를 자연스럽게 꺼내보는 겁니다. 웹툰도 결국은 우리가 사는 세상에 대한 이야기입니다. 그 소재가 판타지라고 하더라도 그 속에서 하나씩 하나씩 이야깃거리를 찾아가면 관련되는 지식들이 조금씩 보이게 됩니다. 부모님들이 보여주시는 세상을 통해 학생은 보다 넓은 시야를 가지게 됩니다. 예를 들면, 웹툰을 보며 미학이라는 학문을 알게 되고, 이 지식을 통해 미학에서 철학에 접근할 수 있도록 길을 보여주시면 됩니다.

결국 방학 중 해야 할 핵심적인 것도 '우수함'을 갖추기 위한 과정과 동일한 셈입니다. 다만, 그 시간이 보다 '자기 주도적'으로 드러나는 시간일 뿐이죠. 공부는 학부모가 하는 것이 아니라 학생이 한다는 것을 계속 생각해야 합니다. 강요된 시간은 학생에게 의미 있는 방학을 보내지 못하도록 만듭니다. 더 많은 책을 읽도록, 더 많은 고민을 통해 자신의 길을 확정할 수 있도록 같이 고민해주는 방학이 되었으면 합니다. 학생들도 자신의 길을 찾지 못해서 힘들어하고 있다는 점을 이해하시고, '학생의 눈높이에서' 고민을 공유하는 것이 해결책이 됩니다.

상위권으로 향하는 방학 중 공부 습관

방학 중에 생활 패턴을 유지하는 문제는 학생들에게 여전히 어려운 과제입니다. 특히 자기 주도적 학습 역량을 가지고 있는 학생들도 방학에는 패턴을 유지하는 것이 쉽지는 않습니다.

방학 중 공부 습관은 사실 여러 측면에서 고민해야 할 부분입니다. 가장 본질적인 문제는 공부를 위한 자기 설득이 안 되기 때문입니다. 새벽까지 무언가를 하는 상황 때문에 아침에 일어나지 못하는 것이 가장 문제이고, 이 때문에 생활 패턴이 무너지는 것이죠. 특히, 맞벌이 가정의 자녀들은 부모님의 출근 이후에 다시 잠을 자는 상황이 계속 반복되기 때문에 결국 악순환의 고리는 "밤에 제시간에 자는 것"으로 끊어야 합니다.

가장 좋은 방법은 노트북과 휴대폰 등 일체의 기기들을 일정 시간 이후에 거실에 두도록 하는 것입니다. 부모님들이 "양보할 수 없는 최소한의 선"을 엄격하게 정하셔야 합니다. 그 선을 정하기 위한 대화는 필수인데, 이때 '공부를 해야 하니까'와 같은 이유는 통하지 않는다는 점을 기억하시고, 훈계가 아닌 대화를 통해 최소한의 약속을 만들고 지킬 수 있도록 조율해야 합니다.

이런 조율의 과정을 통해 학생은 자신이 지켜야 할 선을 이해하게 됩니다. 어린 학생일수록 이 부분의 연습이 매우 중요합니다. 이런 설득과 협상의 과정을 통해 '자기주도성'이 강한 학생으로 성장하게 됩니다. 단지 방학의 생활 패턴이 문제가 아니라는 점을 꼭 이해하셔야 합니다. 생활패턴이 무너지는 것은 원인이 아니라 '증상'이라는 것, 그러니 원인을 해결해야 증상이 없어지게 됩니다. 대증 요법 말고, 근원적인 처방이 가능한 시기가 바로 방학이기 때문입니다.

사실 자기주도적인 학생들이 가장 먼저 챙기는 것은 계획표를 짜는 습관입니다. 이미 '자기 주도적'인 학생들은 계획표를 짜서 생활하는 습관이 잘 형성되어 있습니다. 이런 아이들에게 계획표 짜기는 하지 말라고 해도 반드시 하는 일입니다. 단 이 계획표를 부모님이 직접 짜주려는 것은 큰 실수입니다. 계획표를 짜는 행위 자체가 학생들에게는 엄청난 스트레스인데, 이런 행위는 오히려 수동적인 학생을 만드는 지름길이 될 수도 있습니다. 그러니 계획표를 함께 세우는 것보다는 공부법과 관련된 책을 함께 읽는 것을 권해드립니다. **'공부하라'는 말은 정말 많이 하지만, 어떻게 공부해**

야 하고, 무엇을 공부해야 하는지를 학생들은 잘 모르거든요. 그러니 '공부법'을 제대로 공부해보는 것도 좋습니다. 공부법을 공부하면서 더 많은 이야깃거리를 만들 수도 있습니다. 부모님의 공부 경험을 자연스럽게 공부법 책의 내용과 연결시켜서 이야기를 하는 것도 좋고요, 그 과정에서 새로운 시도를 해보는 것도 좋습니다.

집에 큰 화이트보드를 준비하시고, 그날 공부한 것을 설명하게 하는 것도 엄청 좋은 학습법이 됩니다. 가족들이 정해진 시간에 모여서 각자 무언가를 발표하는 것도 엄청나게 좋은 경험을 학생이 쌓게 되는 것입니다. 부모님은 최근에 읽었던 책이나 업무에 대한 것을 짧게 프레젠테이션하고, 학생들은 자신의 공부한 내용을 정리해서 짧게 프레젠테이션을 해 봅니다. 가족이 공유하는 이 시간을 통해 아이들은 남다른 성장이 이루어지게 될 겁니다.

더불어 방학 때만 챙길 수 있는 것이 한 가지 더 있습니다. 바로 적당한 휴식입니다. 아이들에게도 휴식은 매우 중요합니다. **학생들은 대체로 스트레스를 해소할 방법을 모릅니다.** 가장 손쉬운 방법이 게임하는 것, 아이돌 찾아보는 것 등이죠. 그러니 이번 방학에는 제대로 인생을 즐길 수 있는 방법을 함께 고민해보는 것을 추천합니다. 학생 스스로도 삶을 즐기고, 스트레스를 '긍정적'으로 해결할 수 있는 방법을 부모님과 함께 배우면 좋습니다. 함께 레슨을 받아보시고, 함께 악기를 배우고, 그 과정에서 스트레스를 분출하기 보다는, 관리할 줄 아는 학생을 만드는 것이 중요합니다. 이런 공통의 학습 경험이 학생들 인생 전체에서는 매우 소중한 기억이 됩니다.

이렇게 스트레스가 관리되는 학생은 공부도 잘할 수밖에 없습니다. 공부하라는 압박도 자녀에게 엄청난 스트레스 요인입니다. 학부모님들이 공부하시던 어렸을 때를 생각해보면 어떤 기분인지 아시겠지요. 학부모들의 가장 큰 실수는 학생이 변화하길 바란다는 점입니다. 사실, 변화는 학부모님들부터 시작되어야 합니다. 학생들을 바라보는 관점과 대화의 포인트에 대한 변화가 일어날 때 학생들의 변화가 동반됩니다. 사실 쉽지 않습니다. 하지만, 이렇게 생각해보세요. 좋은 대학, 원하는 상위권 대학을 보내는 것은 원래 어렵습니다. 그 쉽지 않은 도전을 하시면서 학생에게만 고통을 부여하는 것은 옳은 방법이라 할 수 없습니다. 부모님들의 소중한 도전이 필요한 때입니다.

사교육의 유혹, 바람직한 방법은?

공교육과 사교육에 대한 이분법적 구분은 사실 타당하지 않다고 생각합니다. 어떤 학생은 학원을 다니는 과정을 통해 성장을 경험하기도 합니다. 때론 사교육이 공교육의 보완재로서의 역할을 충분히 할 수 있습니다. 다만, 그것이 개별 학생에게 진짜 필요한 것인가에 대한 고민이 반드시 필요하다는 점을 강조하고 싶습니다. 단지 대안이 없으니까, 남들이 보내니까, 보내면 성적이 오를 것 같으니까, 그냥 있으면 뒤처지는 느낌이 드니까 등의 이유로 학원을 보내는 것은 경제적으로도, 심리적으로도, 학업적으로도 바람직하지 못합니다. 조금 단적으로 말하자면, 부족한 부분을 보완하기 위해서는 방학에 보다 적극적으로 노력하는 것이 필요합니다. 다만, 그 '**부족함**'을 **학생이 아니라, 학부모님이 느끼는 것이면 문제**가 됩니다. 그런 상황에서는 그냥 학생을 괴롭히는 방법이 되거든요.

제가 학원을 보내는 학부모님들에게 항상 묻는 질문이 있습니다. '학원을 보내면 성적이 오를까요?'입니다. 어떠세요? 진짜 오를까요? 정확하게는 성적이 상승할 것이라는 이상한 믿음을 가지고 보내는 겁니다. 대체로 학급에서 학원을 안 다니는 학생은 정말 손에 꼽을 정도로 적습니다. 그런데 그 학생들이 모두 성적을 올리지는 못합니다. 조금 이야기의 방향을 바꿔서 생각해 보겠습니다. 유명한 학원을 다니고 있는 학생들은 성적이 모두 상승할까요? 당연히 아닙니다. 그 학원에서도 성적이 오른 학생, 성적이 떨어진 학생, 성적이 그냥 유지되는 학생이 존재합니다. 그런데 자꾸 학원을 보내면 공부를 잘하게 될 거라고 말하는 이유는 학원을 다녀서 성공한 학생들의 이야기만 듣기 때문입니다. 광고도 그런 학생들의 이야기로 가득합니다. 때로 학원에서는 성적이 좋은 학생에게 장학금을 주기도 합니다. 여기서 중요한 것은 성적이 '오른' 학생이 아니라, 성적이 좋은 학생에게 장학금을 준다는 점입니다. 결국 공부를 이미 잘하는 학생들은 학원을 공짜로 다닐 수도 있다는 셈이죠. 반면, 학원을 다녔는데, 성적이 오르지 못한 학생들은 그 사실을 이야기하지 않습니다. 그러니 학원을 다니는 학생들의 성공스토리를 통해 우리는 학원을 다니면 성적이 오를 거라는 '믿음'을 가지게 되는 겁니다.

결국 핵심은 학원을 다닌 것과 상관없이 성적은 결정이 됩니다. 쉽게 하는 말로 성적이 오를 역량을 갖춘 학생은 학원을 안 다녀도 성적이 오르고, 공부하는 척만 하는 학생은 학원을 다녀도 성적이 오를 수가 없습니다. 중요한 것은 학생이 공부할 생각을 가지고 있느냐에 있습니다. 공부할 생각이 없는 학생이라면(사실 상당수의 학생이 이런 의도를 가지고 있습니다) 아무리 학원을 보내더라도 의미가 없습니다.

학부모들 중에는 이런 생각을 가진 분도 있습니다. '학원에 다니면 학원 수업만큼 혹은 학원 과제만큼은 하니까요'. 네 맞습니다. 부모님들의 불안을 어느 정도 해결해주기는 합니다. 하지만 그것이 학생의 성적과 크게 상관은 없습니다. 지금까지 학원을 보내기 위해 투자한 돈을 계산해보면 확실하게 동의하실 수 있을 겁니다.

그러니 그냥 학원을 보내는 것에 대해서 조금 더 생각을 해보시는 것이 필요합니다. 학원을 보내서 아이에게 조금 부족한 부분을 보완하는 것은 언제든 환영입니다. 부족한 부분을 보다 적극적으로 해결하기 위해 과외를 하는 것도 언제든 환영입니다. 하지만, 학생이 적극적 의도를 가지지 않는 경우에는 그냥 '척'으로 끝날 것입니다.

얼마 전 상담을 한 학생의 사례를 이야기해보겠습니다. 고1 남학생인 현수는 부모님의 권유로 학원을 매우 많이 다니고 있었습니다. 내신 성적은 거의 6~7등급인데, 학원은 6개를 다니고 있는 학생이었습니다. 사실 어느 정도 경제적 여유가 있는 상황이라면 흔히 볼 수 있는 학생입니다. 운동을 좋아한다는 부모님의 말과는 다르게 현수와 상담을 하는 동안 학생이 원하는 것을 찾을 수 있었습니다. 현수는 단지 공부에서 받는 스트레스를 풀 수 있는 방법으로 운동을 선택한 것뿐이었습니다. **6개의 학원과 체육을 '거래'한 것입니다.** 자신이 무엇을 하고 싶은지도 알지 못한 채로요.

학생이 좋아하는 영역에서 자신이 진학할 수 있는 길을 구체적으로 보여주고, 해야 할 일들을 제시해줬습니다. 그리고 부모님과의 상담을 통해 학원을 2개로 줄이고, 학생의 진로에 맞는 미술 학원을 보내도록 유도했습니다. 딱 3개월의 시간이 지나고 학생이 적극적으로 공부하는 모습을 보이기 시작했습니다. 바로 고1 남학생이요! 질문에 대한 적극적인 대답, 학교에서 자신이 해야 할 일에 대한 질문까지 하는 학생을 보면서 많은 생각이 들었습니다. 자신이 하고 싶은 일이라면 얼마든지 변할 수 있습니다. 최소한 열정적으로 해야 할 이유에 대해서 깊이 이야기를 나누는 과정이 있어야 합니다. 학원은 그 이후의 문제입니다.

물론 학부모이기 때문에 쉽지 않습니다. 그러나 입시 전문가인 제가 항상 하는 말, 이제 아시겠죠? 대학 보내는 것은 절대 쉽지 않은 일입니다. 특히나 상위권 대학을 보낸다는 것은 더욱 쉽지 않습니다. 부모님의 방향 전환이 학생들에게는 무엇보다 중요합니다. 특히나 방향을 제대로 잡지 못한 학생들에게는 너무나도 중요합니다. 학생들에게 필요한 것은 절대 '학원'이 아닙니다.

CHAPTER 07

상위권 대학으로 향하는 고교 생활, SKY 로드맵 1

거의 대부분의 학생과 학부모가 원하는 이른바 SKY는 사실 진학할 수 있는 정원이 현저히 적습니다. 다들 이 부분에 대한 체감이 어려워 가볍게 SKY를 외칠 수 있는 것이기도 합니다. SKY 정원은 대략 만 명 선입니다. 2021학년도 수능 응시 인원이 49만 명 정도이니, 의대 등을 포함하면 대략 상위 2% 수준입니다. 이제 SKY가 얼마나 입학하기 어려운지 현실적으로 느껴지시나요? 절대 쉽게 생각할 일은 아니라는 말입니다. 조금 더 고민하고, 상위권 대학에 준하는 역량을 갖출 수 있도록 지도해야 합니다. 결코 무조건 열심히 하는 것이 답이 될 수 없습니다.

이번 파트에서는 최상위권 대학에 진학하는 학생들

의 이야기를 조금 담아보려 했습니다. 이 학생들이 엄청 특별한 고등학교 생활을 보냈다기 보다는 다른 학생들에 비해 조금 더 의미 있는 고교 생활을 했다는 평가를 내리고 싶습니다. 물론 너무도 당연하게 SKY를 갈 수 있을 것이라는 평가를 받는 학생들을 제외하고, 가능하면 평범한 학생들의 사례를 선별했습니다. 이들의 고교 생활을 살펴보면서 앞서 PART 1의 '그 상담이 알고 싶다'에서 언급했던 학생들과 비교해보는 것도 좋은 방법입니다. 특별한 학생, 특별한 프로그램, 특별한 방법보다는 **"자신의 역량을 학생부로 증명하기"라는 기본에 충실한 학생들이 대부분입니다.**

사실, 예시를 들며 학생들의 교과 성적을 모두 오픈하고 싶지만 괜한 오해를 살 듯해서 생략하고 가겠습니다. 모두 내신은 2%에 미치지 못하는 학생들입니다. 내신 자체의 우수함을 주장할 수 있는 학생은 제외했습니다. 다만 이것 하나만큼은 기억해주세요. 그럼에도 상위 2%의 학생이라고 인정받은 친구들입니다. 내신이 우수해서 뽑힌 것이 아니라, 경쟁자들 자체가 대체로 내신이 우수하다는 점입니다. 그러니 사실 최상위권에서 내신의 우수함은 크게 경쟁력이 될 수가 없다고 생각합니다. 내신 1.5보다 내신 1.4가 우수하다는 단순한 이야기를 이제는 할 필요가 없다고 생각하는데, 모두 동의하시나요?

1. 수상 실적

학년	수상명
1학년	진로PPT 대회 장려, 말하기 대회 동상, 우수동아리 경진대회 금상, 탐구보고서 대회 금상 외 12개
2학년	프레젠테이션 관련 대회 5개 수상, 탐구보고서 대회 금상 외 15개
3학년	탐구보고서 대회 금상, 인성 관련 수상 외 4개

연주는 여러 면에서 탁월한 학생이었는데, 그 중에서 가장 의미 있게 본 부분은 수상의 영역이 매우 다양하다는 점이었습니다. 즉, 다양한 분야에 관심을 가지고 있는 학생이며, 동아리 활동은 댄스부였고, 활발하게 학교 활동을 하는 학생이었습니다. 특히, 가장 두드러진 역량은 프레젠테이션 역량이긴 했습니다. 남다른 발표 역량과 독특한 발표 콘셉트로 항상 화제가 되기도 했던 학생이었습니다. 다양한 영역에 대한 관심은 연주가 가진 역량의 우수함을 더 강화시키는 역할을 했습니다. 예를 들어볼까요. 창의성이 뛰어난 학생이라고 말할 때 창의성은 어떻게 정의할 수 있을까요. 대체로 창의성이라고 하면 독특한 능력, 독특한 생각을 떠올리는 것이 일반적입니다. 하지만 창의성은 여러 요소들로 구성이 되는데, 그중 가장 대표적인 것이 다양한 종류를 말할 수 있는 능력입니다. 연주는 다양한 영역의 관심사를 깊이 있게 연구해서 다양한 수상을 했습니다. 그 역량이 다양한 종류를 이야기할 수 있는 능력이 된 것이죠.

2. 창의적 체험 활동

학년	창의적 체험 활동
1학년	에너지 디자이너 특강, 캠프 활동 → 사회학 의미 이해, 봉사동아리, 댄스 동아리로 봉사 활동, 인문 지식과 미술 작품 이해를 위한 활동, 미술사 특강 → 예술 작품 감상 능력에 대한 호평
2학년	임원 캠프에서 교내 불편 사항 개선 회의 주도, 인문학 캠프 관련 기획안 제출, 창체활동 독서(런웨이 위의 자본주의) 후 활동 내용, 연합 캠프 주제 '지속 가능한 공존' 선정 및 발제, 창의적 맞춤 교육 관련 동아리 활동 진행, 댄스 동아리에서 공연 기획, 서양 미술사 특강, '사회문제' 관련 특강 진행
3학년	놀이와 예술 그리고 상상력 관련 특강, 환경 관련 특강, 탐구보고서 관련 세미나 활동

창의적 체험 활동에서 연주는 자신의 다양한 분야에 대한 관심과 역량을 드러내기 위해서 많은 노력을 기울인 모습을 보였습니다. 다양한 특강과 봉사 활동, 공연 기획 등에서 열렬한 에너지를 가진 학생이었고, 학술적인 영역에서도 특정한 방향으로 이른바 '필 feel'이 꽂힌 학생이었죠. 경제에 대한 깊은 관심을 가지고, 다양한 활동들을 경제라는 울타리에 엮어 낼 줄 아는 모습을 보였지만, 연주의 주력 분야는 사실, 의류 디자인이었습니다. 물론 공부의 과정을 통해서 이 부분이 CEO라는 보편적인 영역으로 확장되는 모습을 보였지만, 대체로 패션 디자인이라는 영역에 대한 깊은 관심을 가지고 탐구하는 모습을 항상 보였습니다.

3. 세부 능력 및 특기 사항

학년	세부 능력 및 특기 사항
1학년	적극적 수업 참여 기록 다수, 수학에서의 의문 해결 위해 열성적인 노력(구체성), 수학 약점 해결을 위한 방과 후 학교 수강, 경제학 관련 독서 방과 후 학교 수강, 창의적 교육방법 제시를 위한 팀 단위 탐구보고서 활동, 미술 창작 활동 → 작품 상징성에 대한 이해와 주제 표현 돋보임
2학년	문학 : 작품 간 연계 및 재해석 뛰어남, 확률과 통계 : 다양한 풀이 방법, 폭넓은 공부, 영어 : 지퍼의 역사 조사 발표, 영시 암송, 세계지리 : 자기 주도적 학습 과정 기록, 명사 초청 특강 프로그램 진행 과정에서 읽은 책들을 소재로 발표, 예술 관련 방과 후 학교 이수
3학년	섬유 소재 관련 영어 발표, 특강 청강 후 환경 관련 내용을 소재로 교과 발표

교과 세특 전체를 관통하는 콘셉트는 '창의성'과 '자기주도성'으로 규정할 수 있고, 학년을 거듭할수록 특정 분야에 대한 심층 연구의 경향이 드러나는 모습을 보였습니다. 특히, 연주의 성장에 큰 영향을 미친 요소는 개별 고교에서 진행된 명사 초청 특강 프로그램이었는데, 다양한 영역에서의 탁월한 명사들의 특강을 통해 배움의 폭이 깊어지고, 고민의 폭이 넓어지는 과정들을 교과 세특에 제대로 담아내는 모습을 보였습니다.

학년	독서
1학년	『변신』, 『시골의사』, 『영어 원서 독서 기록』, 『국가론』, 『죽은 경제학자의 살아있는 아이디어』, 『시대의 질문에 답하다』, 『세상에서 가장 영향력 있는 50인의 패션』, 『코코샤넬-내가 곧 패션이다』 등 25권
2학년	『수학으로 배우는 파동의 법칙』, 『자본론』, 『철학, 역사를 만나다』, 『주식회사 대한민국』, 『도시 디자인 공공 디자인』, 『철학이 필요한 시간』, 『경제학의 향연』, 『런웨이 위의 자본주의』, 『패션 문화를 말하다』 등 20권
3학년	『고감성 텍스타일 표현 기법』, 『의복과 환경』, 『그들이 말하지 않은 23가지』 등 9권

연주는 특히 독서와 관련된 역량이 선명하게 드러나는 학생이었는데, 그 이유 역시 명사 초청 특강 프로그램의 성격에 기인하는 바가 컸습니다. 같이 특강을 듣던 학생들의 모습과는 다르게 특강에서 무언가를 얻기 위해 꾸준한 모습을 보였습니다. 예를 들어 초청된 작가의 책을 읽으면서 그 책과 반대 성향의 책을 동시에 읽어나가는 식이었습니다. 그러다보니 학생부에 기록할 책의 분량이 남다르게 많기도 했습니다. 그리고 가장 중요한 부분! **연주는 이런 독서의 과정을 통해서 자신만의 질문을 만들어내고 특강 강사에게 집요하게 질문을 던지던 학생이었습니다.** 질문을 통해 정리한 내용을 자신만의 노트에 정리하고, 이를 다시 자신의 분야에서 적용할 수 있는 부분을 찾으려 노력했죠.

5. 행동 특성 및 종합 의견

학년	행동 특성 및 종합 의견
1학년	독서 활동 우수, 상황에 대한 독특한 해석 능력
2학년	경제 관련 활동에 심취한 모습 기록, 댄스 동아리 활동에서의 기획력 우수, 봉사활동에서의 헌신에 대한 구체적 기록

그러다보니 담임 선생님의 관찰 내용이 기록되는 행동 특성에서도 독특하고, 의미 있는 평가들이 많이 나오게 됩니다. 남다른 것을 볼 줄 아는 학생이라는 표현이라든지, 특정 분야에 대한 집중력이 탁월하다는 식의 표현들이 구체적 사례를 통해 2년 간 지속적으로 기록되어 있습니다. 실제로 연주가 그런 모습을 보였다는 것을 알 수 있죠. 이즈음에서 연주의 진로 희망을 한번 살펴볼까요?

학년	진로 희망
1학년	패션 디자이너
2학년	종합 패션 브랜드 CEO
3학년	Fast Fashion CEO

앞서 살짝 언급한 것처럼 패션 디자이너를 꿈꾸던 학생에서, 종합 패션 브랜드의 CEO로 변화하게 되고, 다시 3학년 때는 보다 구체적이고 전문적인 자신만의 색깔을 내기 위해 fast fashion CEO 라는 진로 희망을 기록했습니다. 조금 더 디테일한 설명을 하자면, 연주의 진로 희망에서 드러난 계열 적합성은 크게 두 가지로 설명이 가능합니다. fast fashion이라는 의류 산업의 한 영역에 대한 전공적합성 혹은 CEO로서의 역량을 강조할 수 있죠. 저자가 연주와 함께 fast fashion에 방점을 찍은 이유는 연주가 학생부를 통해 증명한 남다른 '창의성' 때문이었습니다. 댄스부 활동을 통해, 프레젠테이션 활동을 통해 지속적으로 남과 다른 것을 보고 생각하고, 다양한 영역으로 확장시킬 수 있는 학생이라는 콘셉트를 확실하게 보여줄 수 있는 영역이 바로 fast fashion이라고 생각을 한 것입니다.

이를 위해 자기소개서에서는 CEO로서의 역량을 보여주기 위한 심화 탐구의 과정을 강조하기도 했고, fast fashion 분야에 대한 관심과 활동을 강조하기도 했습니다. 중요한 것, 없는 것을 만들어서가 아니라 연주가 학생부에서 활동한 것들 속에서 충분히 추론할 수 있는 것을 강조했습니다. 더불어 2024학년도 이후의 입시에서는 이 부분을 '학생부 자체'에서 보여주어야 한다는 점을 다시 한 번 강조합니다.

전략적 접근이 더욱 중요해지는 지점입니다.

연주는 자신이 증명한 역량을 가지고, 연세대 활동우수와 융합인문사회에 합격을 했습니다. 그 학교에서 연세대를 학종으로 진학한 학생들 중에서 가장 낮은 내신을 가지고 합격을 했죠. 자신의 지적 호기심을 해결하기 위한 지속적이고 광범위한 탐구의 과정이 중요했고, 독서와 자료 조사 등을 통해 이론적으로 습득한 지식을 현실에 적용하기 위해 노력한 모습들이 매우 강력한 힘이 되었다고 확신합니다. 그리고 그것이 매우 설득력 있게 입학사정관과 교수들에게 부각된 것입니다. 연주를 지도하면서 항상 같이 한 이야기가 있습니다.

"학업 역량은 지금 자신의 상태에 대한 불만족에서 출발한다.

전진하자"

상위권 대학으로 향하는
고교 생활, SKY 로드맵 2

CHAPTER 08

이번에는 SKY 중 한 대학에 진학한 또 다른 학생을 만
나보겠습니다. 역시 다른 방식으로 한번 분석하고 접근
을 해보겠습니다. 앞서 언급한 것과 같이 횡단, 종단 평
가를 크로스 체크해보는 것으로 학종에서 매우 의미가
있는 분석 기법이 됩니다. 연습한다고 생각하시고, 차분
히 분석에 동참해주세요.

1학년

- **자율:** NIE(혼족트렌드)
- **동아리:** 영자 신문반, 창의교육(자율)
- **봉사:** 교내외 봉사 32시간
- **진로:** 전공알림단-미디어커뮤니케이션, 다문화프로젝트-영미
- **교과 세특:** 수학-자기만의 수학노트로 단점 보완하며 성장 법과 정치 – 법적 이해 능력에 대한 구체적 예시, 합리적 문제 해결 과정의 구체적 예시
- **수상:** 수학재능나눔대회(공동, 금상), 독서발표대회(은상), 영어프 레젠테이션(은상) 외 7건
- **독서:** 문명과 수학, 미래를 읽다 과학이슈, 세상을 바꾸는 씨드 외 20권
- **종합 의견:** 외유내강, 다양한 분야를 알기 위한 노력
- **진로 희망:** 국제 언론 분야

영은이는 언론과 국제라는 타이틀을 가지고 1학년을 보낸 학생이었습니다. 내신도 2등급 후반이었고, 특별한 강점이 부각되지는 않는 학생이었습니다. 1학년 학생부를 통해 확인할 수 있었던 점은 영은이가 독서량이 많다는 점, 다양한 영역에 대해 관심을 가지고 있다는 정도였습니다.

이 학생은 제가 2학년부터 지도를 시작한 학생이었는데, 저를 만나는 학생들이 대부분 그러하듯 상담 이후에 내신 성적을 극적

으로 향상시키기 시작한 학생이었습니다. 영은이의 놀라운 성장도 제가 특별한 역량이 있어서가 아니라 방향을 제대로 제시했기 때문입니다. **학생은 자신이 헌신할 수 있는 방향이 확정되면 잠재력을 폭발시키게 됩니다.** 학부모들이, 선생님들이 그 역할을 해준다면 더없이 좋습니다. 제 기억 속에 존재하는 '스승님'은 아마도 그런 모습이 아닐까 합니다. 선생님이 너무나 많은 자본주의 사회를 살고 있기에 스승님의 존재는 더 의미가 있는 것이 아닐까 생각을 해봅니다.

2학년

- **자율:** NIE - 세계 빈곤 문제,

  인문학 캠프 - 문학과 시민,

  사회학 캠프 - 불의의 시대에 정의란,

  유스 체인지메이커 활동 - 빈곤
- **동아리:** 외국어 재능 나눔, 독서토론(자율), 독서발표(자율)
- **봉사:** 세계평화와 세계시민교육, 시각장애인용 도서입력 등 76시간
- **진로:** 전공특강 - 국제학부, 여름방학아카데미 - 문화컨텐츠,

  첨단지식아카데미 - 두 문화 사이에서, 외교관 특강
- **교과 세특:** 문학 - 독특한 감수성을 배경으로 문학 작품에 대한 창의

  적 해석 발표

  확률과 통계 - 통계의 다양한 사례에 대한 해석 및 적용

영어 – 영문학에 대한 시대적 배경과 문화를 감안한 탁월한 해석

세계사 – 다양한 국가 간의 외교적 문제에 대한 집중 질문, 근대 국

가 형성에 대한 깊은 관심

- **수상**: 영어사고력대회(장려), 수학사고력대회(장려), 독서 프레젠테

  이션(은상), 사회탐구력(은상) 외 12건

- **독서**: 카타리나 블룸의 잃어버린 명예, 러시아 혁명사 강의, 프랑스

  혁명에서 파리 코뮌까지, 최소한의 국제 이슈, 이 땅에 정의를, 좋

  은 정치란 무엇인가, 외교외전, 국가란 무엇인가, 우리 곁의 난민

  등 30권

- **종합 의견**: 특강 프로그램 기획팀으로서의 열정적 역할, 쉼 없는 독

  서 활동, 학급 내의 불만 사항을 해결하는 과정의 우수함

- **진로 희망**: 국제 외교 분야

영은이의 잠재력이 폭발하기 시작하는 시점은 1학년 겨울 방학

이었습니다. 방학 중 진행된 방과 후 학교에서 만났는데, 독서 중

심 수업을 통해 하루하루 성장하는 모습을 보였습니다. 제게도 아

주 인상적인 경험이었습니다. 언론에서 외교 분야로 진로 희망을

바꾸면서 자신이 가고 싶은 길을 조금씩 개척해가고, 성장하는 모

습을 지켜본 1년은 매우 의미 있는 시간이었습니다. 자신만의 감

수성과 시각을 자신이 활동하고 있는 다양한 프로그램에 녹이려고

노력했고, 그 속에서 일어나는 문제들을 해결하기 위해서 '독서'라

는 방향을 잡았습니다. 더 많이 읽고, 더 많이 생각하고, 더 많이 실

천해보는 일련의 과정들이 학생부 곳곳에서 드러나 있습니다.

1년 동안 영은이에게 가장 강조했던 문장은 "모든 질문은 선하다"였습니다. 앞서 언급했던 문장입니다. 기억하시죠? 모든 의문, 모든 질문, 모든 해석에 대해서 끝까지 비판적 입장을 취해보고, 분석해보고, 판단을 공유하는 과정을 거치도록 했습니다. 영은이가 가장 인상 깊게 파고들었던 부분은 '난민' 문제였습니다. 특강에서 만난 인권위원장의 이야기를 통해 던져진 질문에 대해서 스스로가 납득할만한 답을 얻지 못했고, 이를 계기로 관련된 내용을 탐구하기 시작했습니다. 조금씩 자신이 가고 싶은 길에 대한 확신을 얻어가는 모습이기도 했고, 쉼 없이 책을 들고 와서 이것저것 묻는 과정들을 거치면서 나름의 비전을 만들어가는 모습이기도 했습니다.

중요한 것은 이 모든 과정들을 '자기 주도적'으로 진행했다는 점입니다. 자신이 받은 충격과 해결되지 않은 의문을 그냥 지나치지 않고, 집요하게 붙들고 파고드는 것이 영은이에게는 가장 중요한 역량이었던 것 같습니다.

3학년

- **자율**: 학급회의 중재 구체적 노력
- **동아리**: 학급 동아리 – 국제적 인권 탐구
- **진로**: 문화와 역사 그리고 국제 관계 탐구 보고서, 외규장각 의궤 관련 탐구 보고서
- **교과 세특**: 독서와 문법 – 국가 간 문학 작품 비교하여 발표
  미적분 – 빅데이터 활용 사례 구체적 발표
  영독 – 지문을 활용하여 다양한 국가와 문학 작품 간의 공통점과 차이점 비교 분석 발표
  경제 – 국제적 경제 이슈에 대한 질문과 구체적 해결 방안에 대한 탐구 보고서, 국제 경제 정의에 대한 발표
  윤리와 사상 – 철학 사상에 대한 구체화된 적용 사례 발표
  특강 프로그램 참여 – 일상 속의 불편한 질문, 변화의 시대 : 보고서 작성
- **수상**: 사회탐구력(철학, 금상), 모범학생(품성) 외 7건
- **독서**: 나는 말랄라, 관용론, 통치론, 나는 빠리의 택시운전사 등 12권
- **진로 희망**: UN 난민 고등판무관

2학년 때의 탐구를 바탕으로 탐구 보고서의 수준이 높아진 것은 너무도 당연한 결과였습니다. 이를 바탕으로 3학년 때의 진로 희망을 UN 난민 고등판무관으로 설정했습니다. 난민에 대한 깊은 관

심을 자기소개서에 표현하기도 했고, 3학년의 다양한 교과와 활동 속에서도 자신의 궁금증과 같은 맥락 혹은 연결 고리를 찾기 위해 부단히 노력을 했습니다.

내신 성적과 비교과를 통해 철저하게 자신을 증명한 것, 독서 활동을 통해 탐구 역량을 보여준 것, 지적 호기심에서 끝나는 것이 아니라 자신만의 탁월한 지적 성취를 만들어 내는 과정을 보여준 것 등을 토대로 영은이는 서울대에 진학하게 되었습니다. 그 속에서 저와의 약속, 그리고 자신과의 약속을 이루기 위해 부단히 노력할 것이라 믿어 의심치 않습니다.

앞서 언급한 것처럼 SKY를 진학한 학생들은 자신만의 방식으로 자신을 증명하는 학생입니다. 사실, 그 증명을 하는 과정이 절대 쉬울 수는 없습니다. 대부분의 학생들이 진학하길 원하지만, 놀랍게도 많은 학생들이 진학하기 위해 필요한 노력을 하지는 않습니다. 합당한 노력이 있어야 설명 가능하고, 설득 가능합니다. 그런데 그건 절대 '강요'로 되지 않습니다. 어떻게 하면 내 자녀가, 나의 학생이 그 선택을 할 수 있을지 고민해보셔야 합니다. 그 고민이 바로 입시의 출발점이고, 종착점이기도 합니다. 입시 전문가로 활동하고 있는 저도 항상 같은 고민을 지금도 하고 있답니다.

그러니 우리 같이 고민합시다.

그 고민이 하나의 질문을 만들어 낼 때,

선명하게 입시의 길이 보이게 될 것입니다.

꼭 필요한 것만 모았다!

▼

학년별 필수
'입시 상담 체크리스트'

고등학교 1~2학년을 위한
입시 상담 로드맵

학생 이름 _____

특이사항 _____

월	상담 콘셉트	상담 내용	체크
3	만남	관찰 중심 학생 파악	
		기본적인 학생 정보 파악	
4	상담	학생 역량 파악하기 - 학습 성향 분석 - 학생 장점 분석 및 기록	
		학생별 연간 탐구 계획 및 독서 계획 수립 확인	
5	1학기 시험 (중간고사)	내신 성적 파악하기	
		첫 상담 시 파악한 역량과 비교·분석하기	
		학습법 점검 및 지도	
		학생 심층 상담 1	
		교내 활동 참여 정도 파악하기	
6	심층 상담	학생 심층 상담 2 - 장점 중심, 역량 강화	
		전국 단위 학력평가 점수와 기준선	
7	1학기 시험 (기말고사)	내신 성적의 발전가능성 파악	
		주력 전형에 대한 비전 제시 - 준비 상황 점검	
		기말고사 후 방학 계획 상담	

월	상담 콘셉트	상담 내용	체크
8	방학 (중간 점검)	장점 강화를 위한 계획 점검	
		학업 역량 점검	
		탐구 주제 진행 상황 체크	
		연간 계획 중간 점검	
9	유형별 상담	주력 전형에 대한 충성도 파악	
		각 전형 유형별 학생 구분 – 전형별 단체 상담 진행	
10	2학기 시험 (중간고사)	방학 중 학업 상태 점검	
		교내 활동 상황 체크	
		학생부 입력 방향 상담	
11	전략 상담	비교과 강화 방향 및 활동	
		탐구 주제별 진도 상황	
		학업 진도 등 확인	
12	2학기 시험 (기말고사)	전형별 최종 준비 상태 확인	
		탐구 주제 발표회 진행	
		학생별 역량 정리 - 강화 계획	
1	방학 (최종 점검)	연간 계획 최종 확인 및 보완	
		학생 역량 최종 정리 및 기록	
2	준비	신학기 연간 계획 수립 확인	
	기타 준비사항		

고3 입시상담 로드맵

학생 이름 _____

특이사항 _____

월	진학 상담 콘셉트	진학상담 내용	체크
3	진로 및 전형 확인	담임과의 첫 상담	
		진로에 대한 상담 및 주력 전형에 대한 의견 교환	
		연간 학습 플랜 작성 및 학습 목표, 학습 분량 확정 (주력 전형 결정을 위해 고려할 필수 사항) 1. 학력평가 성적 2. 내신 성적 3. 비교과 (학생부 확인) → 핵심 역량 도출 4. 학급 전체를 대상으로 '모의 논술' 진행 → 논술 대상자 필터링	
4	1학기 시험 (중간고사)	학습 과정 점검 및 학습 상태 진단 - 학평 및 내신 관리 지도	
		주력 전형을 기반으로 지원 대학 확인 - 대학별 홈페이지	
		지원 대학별 핵심 준비 사항 정리 (경쟁률, 성적, 충원율 등)	
		학종을 위한 비교과 활동 전략 수립	

월	진학 상담 콘셉트	진학상담 내용	체크
5	역량 강화	중간고사 성적 분석 (취약 과목 집중 학습 계획 수립)	
		6월 모·평 대비 집중적 상담과 학습으로 집중력 유지가 가능한지 판단	
		확정된 수시 요강을 바탕으로 지원 전략 상담	
		학종 준비 학생들의 비교과 관리에 집중 (독서, 학급 특색 활동 등)	
6	수능 모의 평가	6월 모·평 응시 및 가채점 결과 분석	
		(모평 가채점, 비교과 활동, 논술 역량 등을 고려) 주력 전형 역량 강화를 위해 올인 시키기	
		기말고사 준비 (학종을 준비하는 학생 중심이며, 전공 관련 과목 집중)	
		대학별 모의 논술 응시	
7	1학기 시험 (기말고사)	기말고사 결과를 토대로 주력 전형 확정 → 주력 전형별 준비 상태 점검	
		여름 방학 학습 플랜 진행 → 전형별 전략 과목 선정, 규칙적 수험 생활	
		대학별 수시 설명회 확인, 지원 전략 및 준비 사항 최종 점검	
		대학별 모의 논술 응시	

월	진학 상담 콘셉트	진학상담 내용	체크
8	방학	9월 모의 평가 준비	
		학생부 마감 , 준비 가능한 영역 최종 확인	
		면접 준비를 위한 플랜 준비	
9	9월 모의평가 & 수시 원서 접수 준비	9월 모의 평가 가채점 결과 분석, 수능 점수 예상	
		수능 최저 학력 기준 달성 여부로 지원 대학 확정	
		전략적 수시 원서 접수	
		수능 대비 학습 지속 및 학교별 중간고사 시행	
10	최종 학평 & 면접, 논술 시작	최종 학평을 통해 수능 역량 확인 (부족한 과목 보완 방법, 학습 관련 최종 점검)	
		수능 전 대학별 고사 준비 및 응시	
		수능 실전 파이널 모의고사 진행	
		수능 컨디션 유지를 위한 전략 수립	
		수능 후 대학별 고사 응시 준비	
11	대수능	수능 컨디션 유지 전략 지속 (안정감, 자신감 중요!)	
		수능 당일에 대한 이미지 트레이닝	
		수능 가채점 결과를 바탕으로 수시 및 정시 지원 전략 검토	
		수능 이후 대학별 고사 응시 여부 결정	

월	진학 상담 콘셉트	진학상담 내용	체크
12	정시 원서 접수	발표된 수능 성적을 토대로 정시 지원 전략 검토 및 확정	
		정시 지원 전략을 위한 프로그램 등 구매 후 정시 전략 확정	.
		대학별 홈페이지를 통해 정시 모집군별 정보 취합 (영역별 수능 반영 비율, 모집인원, 경쟁률, 충원율, 수시 이월 인원, 추가합격 등 고려)	
1,2	정시 합격자 & 추가 합격자 확인	정시 합격자 발표 및 등록	
		추가 합격자 발표 대비 휴대폰, 홈페이지 등 지속 확인	
	기타 준비사항		

이음 만든 국이동 국가 마이종

1쇄 발행 2021년 2월 26일
3쇄 발행 2022년 8월 16일

지은이 윤윤구
기획·편집 장인영
디자인 ALL designgroup

펴낸곳 ㈜아이스크림미디어
펴낸이 박기석
출판등록 2013년 12월 11일
신고번호 제2013 - 000115호
주소 경기도 성남시 분당구 판교역로 225-20 시공빌딩
전화 1544-3070
팩스 02-6280-5222
홈페이지 http://teacher.i-scream.co.kr

ISBN 979-11-5929-073-2 03370